행복&웃음디자이너
명강사 꿈채

행복에너지 팡팡팡!

꿈채 지음

도서출판 행복에너지

행복&웃음 디자이너 명강사

금채의 **행복**

에너지

팡!팡!팡!

도서출판

프롤로그

소담스럽게 피어 있는 넝쿨장미가 보는 이들에게
한 아름 가득 큰 기쁨을 안겨 줍니다. 흐르는
세월의 장단을 맞추듯 화사하던 꽃잎이 비가 되어
길 위에 떨어질 때면 그 위를 걷는 금채에게
행복의 오케스트라가 되어 속삭여 주는듯 합니다.

금채는 좋은 부모님의 영향으로 명랑하고 쾌활하게 살아 왔다고 자부
합니다. 어른이 되어서는 후배의 우연한 귀띔에 웃음치료사의 길로 접어
들었구요. 그리고는 즐거울 때나 슬플 때나 어떠한 상황에서도 웃음으로
또 하나의 행복 우산을 만들어 가며 살아가고 있답니다. 하하하하하!

그래서 금채는 행복한 여인이라고 스스로에게 축하한답니다. 그렇게
금채가 누리는 기쁨과 행복 이야기는 매일 밤마다 두툼한 일기장을
살찌워 왔습니다. 언젠가는 책으로 담아 낼 거라고 이야기 하곤 했던
일기장으로…. 그런데 이렇게 예쁜 책으로 만들어졌으니 또 하나의
행복 우산을 만들게 되었네요!!! 하하하하하!

그동안의 일기를 책에 옮겨 담으려고 하나 둘 끄집어 내어 먼지를 털어 내며 읽어 가다 보니 잊었던 그 감동들이 물결처럼 밀려드네요. 제 자신을 초긍정녀라고 자부하고 살았지만 어찌 매일 웃음 터지는 일만 있었겠어요? 금채에게도 슬픈 날 우울한 날 그리고 땅바닥에 주저 앉아 마냥 울고 싶은 날도 분명 있었답니다.

그러나 모르셨죠? 금채에게는 천사의 날개 같은 비밀 무기가 있답니다. 그것은 슬픔과 우울함이 찾아오면 재빨리 그들과 '굿 바이!' 하는 것 이지요. 금채의 가슴 안에는 부정적인 것들이 머물 거실은 아예 없답니다. 오직 기쁨과 감사, 희망과 행복 같은 긍정적인 것들만 항상 가득 모으고 살거든요. 하하하하하!

금채를 사랑해 주시고 늘 격려해 주시면서 이 책에 따스한 메시지까지 보내주신 많은 분들에게 머리 숙여 감사드리며 금채에게 기대하시는 바에 어긋남이 없도록 계속 행복일기를 터트러 나가겠다고 약속 드릴께요.

금채는 이 책을 통해 제 자신의 일상생활을 솔직하게 오픈하였답니다. 그러나 이것은 이 시대를 살아가는 금채의 이웃들에게 또 하나의 희망이 되고 동기부여가 되기를 바라는 소박하고 겸허한 마음일 뿐! 행여라도 자만하거나 자아도취에 빠진 몰개념적인 행동은 아님을 조심스럽게 말씀드리고 싶어요.

신앙인으로서 삶의 현장에서 웃음으로 행복 바이러스를 팡팡 터트리며 하루 하루를 소박한 기쁨으로 가득 채우려고 발버둥치는 금채의 작은 날개짓! 그 작은 날개짓이 하늘 아래 사람 사는 곳곳마다 곱게 파동치며 확산되기를 바랄 뿐이랍니다.

금채의 행복에너지 팡팡팡 책을 출간하며 기쁜 마음으로 추천사를 보내주신 김문수 경기도지사님과 권오을 국회사무총장님 박준 뷰티랩 회장님 대원대학교 김효겸 총장님 한국자산신탁(주) 심형구 대표이사님을 비롯한 많은 분들에게 진심으로 감사드리며 금채의 행복에너지 팡팡팡을 처음 디자인부터 끝까지 책임져 주신 행복에너지 출판사 관계자들께도 정말 감사드립니다. 이 책을 읽는 모든 분들께 금채가 큰 절로 감사 인사를 건강다복 만사대길 하시라고 올립니다.

독자 모두에게 금채가 쏘아대는 행복에너지가 팡팡팡!!대한민국 전역에 전파되어 아름다운 '삶' 이 영위되시기를 진심으로 기원드립니다.

검단산 자락을 바라보며! 금채

금채의 **행복** 에너지 팡!팡!팡!

추천의 글

「금채의 행복에너지」 출간을 축하합니다.

(주) P&J 회장
박준헤어 대표 **박 준**

나날이 치열해지고 각박해지는 세상이라지만, 그 속에서도 결코 변하지 않는 사실이 있습니다. '웃음'은 세계 공용어라는 것입니다. 웃음은 인생을 풍요롭게 하는 원천이자, 모두를 기분 좋게 하는 소통의 방법입니다.

누구나 꿈 꾸는 행복한 삶, 우리는 그 꿈을 이루기 위해선 많은 것들이 필요하다고 생각합니다. 하지만 우린 이미 행복한 삶에 필요한 것을 갖추고 있습니다. 긍정적인 사고와 웃음, 그리고 사랑입니다. 대부분의 사람들이 행복한 일상을 보내고 있지만, 정작 그것이 행복인지는 알지 못 한 채 당연하다고 여기는 경우가 많습니다.

〈금채의 행복일기〉는 소소한 일상에서 쉽게 접할 수 있는 행복에 대해 이야기합니다. 사랑하는 사람들과 함께 하며, 같이 웃고 나눌 수 있는 것이 얼마나 기쁜 삶인지를 보여줍니다. 금채 님의 행복에너지를 통해 우리는 쉽게 발견하지 못하는 일상에서의 즐거움을 만나고 나의 지금을 감사히 여기며 인생의 '삶'을 더욱 최선을 다 하게 될 것이라고 생각합니다.

얼마 전, 지독히도 길던 장마 후에 마주한 푸른 하늘을 보며 많은 분들이 상쾌함과 위안을 얻었을 줄로 압니다. 여름날의 장마와 같이, 살아가는 데 있어 간혹 어려움과 시련을 마주하더라도 한 번 크게 웃고 넓은 마음과 열린 생각으로 모든 상황을 맞는다면 우리의 일상에서도 '푸른 하늘'을 볼 수 있지 않을까 생각해봅니다. 〈금채의 행복에너지〉를 보시는 분들은 그 푸른 하늘에 한 걸음 더 다가선 것이라고 전하고 싶습니다.

많은 분들이 〈금채의 행복에너지〉를 통해, 더욱 따뜻하고 행복한 일상을 만들어 가시길 바랍니다. 또, 〈금채의 행복에너지〉가 모두의 즐겁고 활기찬 소통에, '행복'이라는 윤활유를 더할 수 있기를 소망합니다.

〈금채의 행복에너지〉가 〈대한민국 국민의 행복에너지〉로 전파되어 대한민국 방방곡곡에 웃음꽃이 피어나기를 기원합니다.

(주) P&J 회장
박준헤어 대표 **박 준**

「금채의 행복에너지」 출간을 축하합니다.

21세기사회발전연구소 소장 **이보규**

금채님은 언제 어디서나 그 자리에 있어야 할 사람입니다. 언제나 따뜻한 미소로 만나는 사람마다 힘을 샘솟게 하는 매력이 넘치는 정겨운 분입니다. 우리 주변에서 항상 산소와 같은 존재입니다. 이번에 책을 출판하게 되어 진심으로 축하의 말씀을 전합니다.

우리가 한 번 사는 동안 꼭 해야 할 일 중의 하나가 자신의 저서를 남기는 일입니다. 그러나 쉽지 않은 일이지요. 특히 가정에서 자기 역할을 감당하고 외부 사회 활동으로 많은 강의 활동을 하면서 틈틈이 시간을 쪼개어 글을 쓰는 일은 결코 아무나 할 수 있는 작업이 아닙니다. 일상에서 일어나는 일을 재미있게 일기로 모아서 책을 만드는 지혜와 용기를 높이 그리고 크게 칭찬하고 싶습니다.

출산의 산고가 새 생명의 탄생의 과정입니다. 새로 세상에 드러내는 「금채의 행복에너지」는 일상의 일을 새로운 시각으로 조명한 주옥과 같은 글로 석류 알 보석처럼 가득 차 있습니다. 그리고 누구나 쉽게 접근할 수 있는 쉬운 문장으로 엮어져 있습니다. 쉽게 손닿는 곳에 두고 틈틈이 읽으면 마음의 양식에 크게 도움이 되리라 믿습니다. 또 읽는 이 마다 웃음이 절로 나고 행복이 크게 전염되리라 확신해서 권해 드립니다. 다시 한 번 행복에너지 팡팡팡 출간을 진심으로 축하합니다.

「금채의 행복에너지」 출간을 축하합니다.

"숨길을열다 숨길을 열다 "

대표 이장 한의사 **유용우**

하하하하하!다섯 글자에 깃들어지는 행복에너지가 새삼 커다랗게 다가옵니다.프리허그가 어색하고, 하하하하하! 웃음이 어색하게 다가올 때 우리는 행복할 수 있는 기회란 것을 알게 되었습니다. 글을 읽다 보니 하하하하하! 웃음이 어색해지지 않습니다.

행복에너지를 듬뿍 받아들인 결과겠지요. 평소 금채님이 몰고 다니는 웃음과 행복의 구름이 "숨길을 열다" 한의원의 분위기와 환자들에게 긍정의 에너지를 불어넣는 것을 보아온 장본인으로서 금채의 행복 에너지 팡팡팡이 발간되는 것이 반갑기만 합니다.

저는 종종 "금채님이 책을 쓰신다면 과연 어떤 내용일까" 궁금해 하곤 했는데 이 책을 읽으며 "아~"," 역시!" 라는 생각에 책의 내용처럼 입꼬리가 활짝 올라갔습니다.하하하하하

행복에너지를 팡팡팡 전해주는 금채님이 우리 "숨길을 열다" (www.soomgil.com)의 가족이어서 너무나 감사합니다.

금채님의 밝고 강한 긍정의 에너지가 나와 너, 우리에게 넘쳐 대한민국 국민 모두에게 기쁨충만 행복가득 건강다복하시길 기원 드리며 언제나 웃는날 기쁜날 되시길 바랍니다.

글순서

금채의 행복 에너지 팡!팡!팡!

금채의 행복 에너지
팡!팡!팡!

1부 | 금채를
황금덩어리 같이
사랑하는
금채의 남자이야기

행복&웃음 디자이너 금채의 강연모습

아들이 불쑥 내민 감자 한 개!

하루 일과를 즐겁게 마치고 퇴근하여 보금자리로 들어섰다.
평상시처럼 하루를 즐겁게 마감한 것에 대한 기쁨을 옷을 갈아입으며
거울을 바라보며 씨익 웃어보고는 거실로 나갔다. 그런데 입꼬리를 올린
채로 거실에 나가는데 아! 글쎄 아들 녀석이 두 손에 감자 하나를 높이
들고 엄마에게 다가서는 것이 아닌가?

"뭐니?" 하며 물었더니 "아빠가 엄마 오시면 드리랬어요!" 라고
말한다. 감자 한 개에서 나와 함께 살아온 나의 유일한 남자! 내 남편의
따스함이 피부로 느껴져 온다.

이렇게 늦은시간에는 음식을 잘먹지 않지만 많은양이 아니기에 맛있게
먹고 있었다. 그 모습을 본 내딸 미소가 옆에 앉아서 묻는다.

"엄마! 맛있어?"
"그래! 맛있어!"
"이 감자 조금 전에 아빠가 삶아서 엄마꺼라고 남긴 거야!"

이야긴즉슨 먼저 퇴근한 남편이 감자를 씻어 삶았단다. 그리고는 아이
들과 같이 감자를 먹으면서 마지막 남은 한 개를 내 딸 미소가 먹으려고
하자 엄마꺼라며 절대 못 먹게 했다는거다.

역시 내 남편 맞다. 감자 한 개라도 챙겨줄 줄 아는 자상한 남자!

미소의 이야기를 들으면서 웃음이 터져 나왔다. 내가 큰 소리로 웃는 것을 본 미소가 신기한 듯 슬그머니 묻는다.

"엄마! 아빠가 감자 한 개라도 챙겨주니까 좋아?"
"그래 좋다! 하하하하하…."

나는 안다. 나의 남편 마음을…. 가족 중에 지금 함께 하지 못하는 아내의 몫을 남겨 두기 위해 아이들의 입맛을 절제시키는 자상한 남편이라는 것을….

그런데 남편은 어른 공경에 대해 감자 한 개를 놓고 훈육의 자료로 사용한 것이다. 우리가 어린 시절에는 유난히 이웃과 함께 하고 또한 나누어 먹는 문화가 일상적이었다. 그래서 옆집에서 혹시 떡이라도 가져오면 부모님이 오시기 전에는 선반 위에 고이 모셔두고 만져서도 안 되는 줄 알았다.

그러나 훨씬 맛있는 먹거리들이 지천으로 깔려있는 요즈음에는 가족의 일부를 위해 맛있는 음식을 남겨 둔다는 것이 예사롭지만은 않은 일이다.

옛것을 회상하며 부모를 공경하고 형제간의 우애를 좀 더 많이 생각하는 풍요로운 마음가짐도 자꾸만 희박해져 간다. 비록 삶은 감자 한 개이지만 각박한 세상 속에서 가족 간의 따스함을 찾아보는 것도 '행복만땅' 일 수 있는 '굿! 아이디어' 라고 금채는 생각해 본다.

그런데 감자 이야기는 거기에서 끝나지 못한다. 아이들에게 자장밥을 해 주려고 퇴근하면서 마트에 들러 자장 재료들을 구입해 왔다. 감자는 집에 있으니 감자만 빼고 사 왔던 것이다. 그런데 그토록 맛있게 먹은 감자가 바로 오늘 자장면 재료였다는 사실!

없어진 감자를 생각하며 남편에게 화를 낼 수도 없고 그저 금채 혼자서 미소만 날릴 뿐이었다. 다시 감자는 사오면 되니까 말이다.

며칠 전 남편과 대화중에 내가 남편에게 고백한 것이 있다. 그것은 요즈음 내가 남을 섬기는 자세가 많이 부족해진 것 같다는 느낌이 든다는 것과 앞으로는 남을 더 많이 섬기기로 결심했다는 것이다.

그 말을 들은 남편은 아주 좋아 한다. 남편은 금채가 자신을 더 잘 섬겨 줄 것으로 알아들었나 보다. 물론 금채는 사랑하는 남편을 더 잘 섬길 것이다. 나의 남편을 섬긴다고 금채가 낮아지는 것이 아님을 너무나 잘 알기 때문이다.

잠시 부끄러운 고백을 하나 하고자 한다. 나는 작년까지도 아무 생각 없이 즐기며 하고 싶은 대로 하면서 당당하게 살아 왔다. 그러다가 금년에 들어와서 주변 어려운 사람들의 삶을 직접 목격하면서 그분들의 힘든 삶을 조금은 이해하게 되었다.

그로 인해 어려운 삶을 살아가는 이웃들이 검소하게 생활하는 방법들을 배워가면서 지난날 생각 없이 소비하던 날들이 부끄럽게 여겨졌다. 그러나 이제 그러한 깨달음은 나의 행복으로 자라고 있다.

나는 어려운 분들을 물질적으로 많이 돕고 싶은 야망이 있다. 그러나 물질로만 아니라 마음까지도 케어하는 것이 나의 최종 인생 목적이기도 하다.

나는 열심히 노력해서 많은 돈을 모을 것이다. 그래서 힘들고 배고파하는 이웃들에게 배고픔을 해소시켜 주고 희망을 넣어주는 사람! 진정이 시대의 아픔을 겪는 분들을 인도하고 품어주는 행복지도사가 되고 싶은 것이 나의 꿈이다. '금채! 너는 정말 멋진 꿈을 가진 여자야! 그래서 금채의 또다른 이름은 재벌금채이다. 하하하하하하하

아름다운 동행

얼마 전 우리 부부는 잠자리에 들기 전에 나란히 누워서 '아름다운 동행'이라는 TV 프로그램을 시청했다. 나보다 한 살 위의 주인공과 내 남편보다 한참 연하인 주인공의 남편! 세상살이에 찌들려 우리보다 10년은 더 나이가 들어 보이는 그들의 모습이었다.

그런데 그들에게서 보여지는 외면적인 모습이 뭐 그리 중요하겠냐마는 열심히 살아도 그들 마음대로 잘 안 되는 그들의 고달픈 환경에 마음이 쓰이고 가슴이 아파져 왔다.

내용인즉슨 이러했다. 과일행상을 하는 주인공 남편은 틈틈이 날품팔이라도 하면서 생계를 이어 갔다. 그런데 그들이 넘어야 할 운명은 험산준령과도 같이 힘듦 투성이였다. 그들이 살던 초가집 같은 허름한 집은 철거가 임박하였고 수중에 가진 돈은 없고 몸은 병으로 불편하고…. 정말로 끝도 한도 없이 도대체 어디서부터 손을 보아야 할지 모를 삶이었다.

그러나 그들 부부는 달랐다. 어려운 일들이 산적해 있지만 서로 사랑하며 살뜰하게 살아가는 모습에서 그 누구보다도 아름답게 살아가는 인생임을 나는 느꼈다.

그러나 그들이 감내하는 현실의 고달픔이 너무나 안타까워 그 프로를 보는 내내 아니 지금까지도 그 부부의 앞날을 위해 자꾸 기도가 나온다.

요즈음에는 아무리 살기 힘들어도 그 부부만큼 힘든 가정은 없을 것 같다. 하지만 우리네 삶을 돌아보면 얼마나 감사를 하며 사는지? 과일행상으로 천원짜리 몇 장만 주머니에 들어와도 "이만큼이나 팔았어요!" 라며 어린아이같이 기뻐하는 그 여자!

비록 다리가 몹시 불편한 그녀이지만 나는 그녀의 모습에서 천사의 모습을 발견했다. 작은 것 하나에 감사하며 만족해하는 그녀가 진정 이 시대에 잘 살아가는 행복 모델이 아닐까?

물 컵에 물이 반쯤 담겨져 있는데 사람들은 각기 다르게 표현한다. '에이, 물이 반 밖에 없네!' 라거나 '아니, 물이 반이나 있네!' 라고 말이다. 이처럼 행복도 생각하기 나름 아닐까?

감사는 사소한 부분에서 시작된다. 엄청 큰 금보따리에서 감사가 나오지 않는다. 문제는 마음가짐이다. 작은 일에도 감사할 줄 아는 그 삶이 결국 행복한 삶이 아닐까 싶다. 작은 일이라도 남을 생각하며 도울 수 있다면 그 사람은 행복을 제조하는 행복제조사일 것이다. 금채는 여기까지 깨달았으니 행복하다. 금채의 행복은 그래서 더욱 가치가 있고 빛이 난다. 하하하하하!

주부 아내를 원하는 금채 남편!

간만에 일찍 퇴근하고 가족들과 함께 구워먹을 고기와 김치재료 들을 사들고 집으로 돌아왔다. 이심전심이랄까? 사랑하는 남편도 일찍 퇴근 하여 집에 먼저 와 있었다. '야호!' 모처럼 온 가족이 다 모여있어 신이 났기에 속으로 쾌재를 불렀다.

그래서 즐거운 마음으로 온 가족이 주방에 모여 협동심을 발휘하기 시작 했다. 나는 배추를 씻어 소금에 절구고 남편은 저녁 식탁에 올릴 야채를 씻고 귀염둥이 미소는 고기를 굽고…. 그렇게 퇴근 후 김치까지 담구고 나니 꼼짝없이 6시간이나 중노동을 한 것이다. '휴~'

그래도 간만에 가족과 더불어 보람 있고 행복한 시간을 가졌다. 남편은 내가 이렇게 살림만 하길 원한다. 가끔은 내가 집에 있을 거라고 생각 하지 않고 퇴근했다가 집에서 잔뜩 살림거리를 늘어놓고 일하는 아내 금채의 모습을 보면 정말로 보기 좋단다.

그런 날에는 나에게 애정 표현도 넘치게 한다. 마치 아카시아 꽃향기를 그냥 지나치지 못하고 코를 꽃에 대고 킁킁거리는 나그네처럼 말이다. "당신이 집에 있으니 좋아!" 라고 말 하면서!….

너무나 보잘것없는 금채이지만 우리 가족은 절대적으로 필요로 하며 금채를 좋아한다. 하다못해 우리 집 강아지 뽀송이까지도 나를 좋아한다. 내가 조금만 시간이 나서 집에 있노라면 딸도 놀아 달라고 하고, 아들은 컴퓨터를 하면서도 엄마가 옆에 있어 달라고 조른다. 식사도 식탁이 아닌 아들 옆에서 하라고 할 정도이다.

남편 역시 금채가 잘 보이지 않으면 '마누라 자리가 거의 비어 우울증이 생기네!', '갱년기가 오네!' 라면서 난리를 피운다. 왜? 우리 식구들은 금채를 그렇게나 원하는 것일까? 하하하하하!

어떤 날에는 금채가 혼자였으면 자유롭게 내 일을 할 수 있어 좋을 거라는 생각도 한다. 그런 날에는 혼자 사는 싱글들이 솜털처럼 살짝 부럽기도 하다.

그러나 요즈음에는 가정에서 이루어지는 가족들의 원만한 행복이 정말 중요하다는 생각을 종종 한다. 그래서 나는 가족들로 북적거리는 가정이 너무나 좋다. 그것은 나를 연신 찾는 가족들 때문이기도 하다. 가족들이 북적거리기에 나는 행복을 느낀다. 남편은 오늘도 가정적인 나의 모습에 너무 행복해 한다. 이 행복이 쭈~욱 이어지게 해야 한다. 그런데 나는 솔직히 집 밖에서 하는 내가 하는일들이 훨씬 더 좋다. 하하하하하!

그렇지만 나는 스스로 많이 반성하면서 가족의 행복과 사랑을 채워주기 위해 더 노력하겠노라고 다짐하곤 한다. 일을 좋아하는 금채이기 때문에 금채를 좋아하고 찾는 가족이 다소 불편 할 때도 있지만 어쩌겠는가? 하나님이 나에게 주신 귀한 선물들이니 이 가정을 잘 지켜서 하나님이 보시기에만 아니라 이웃들이 보기에도 행복한 가정으로 더 잘 가꾸어 나갈 욕심이다.

나는 일을 좋아하기에 사랑하는 남편과 아이들에게 정말 미안하다. 그러나 마음 한편으로는 가정에서 조신하게 살림만 하길 원하는 남편에게 '바랄 걸 바래야지…' 라는 생각도 가끔은 한다. 그러함에도 최대한 가족을 위해 일하겠다는 결심은 변함이 없다.

금채처럼 바쁜 엄마들이여! 그리고 아내들이여! 당신이 소홀히 하는 동안 가족은 병들어 가며 외로워 할 수 있답니다. 조금만 더 신경과 정성을 쏟아 기울어져 가는 가정을 살리는 엄마와 아내들이 되어 봅시다.

금채는 사랑하고 챙길 수 있는 가족이 있어 행복하답니다. 정말 정말로요. 하하하하하!

바지 한쪽을 올리면?

황금연휴 첫날! 오전부터 남편이 준비한 도시락을 싸들고 우리 둘만의 오붓한 산행은 또 시작 되었다. 출발은 둘이서 같이였지만 한참 걷다 보면 어느 순간 금채는 홀로 뚝! 떨어져서 걷는다.

그런데 오늘따라 힘겹게 산을 오르는 내 모습이 사람들의 눈에도 정말 힘겨워 보였는지 낯선 등산객이 "힘드신데 산을 왜! 다니세요?" 하며 말을 건네 온다. '어머!' 나는 웃음강사답게 얼른 얼굴 표정을 바꾸고 "저의 모습이 힘들어 보인다고요?" 하며 활짝 웃어주고 입 꼬리를 올리며 산행을 계속하였다.

그렇게 산을 오르는 도중에 "바지 한쪽을 올리면 애인구함이라는데 두쪽 다 올리면 뭐지?" 라면서 일행과 농담도 하는 분들도 계시고, 아무튼 휴일이라 날씨가 좋은 탓인지 다양한 사람 냄새를 엿볼 수 있었다. 그래서 저만치 앞서가는 남편 뒤에 홀로 떨어져 산길을 걸어 올랐지만 심심하지는 않았다.

그렇게 산길을 오르던 중 남편에게서 전화가 왔다. 어디쯤 자리를 폈으니 그쪽으로 오라고 말이다. 발길을 재촉하여 남편을 찾아 올라갔다.

이미 남편은 깔끔하고 정성스럽게 준비한 남편표 도시락과 산에서는 빼어 놓을 수 없는 막걸리를 펼쳐 놓고 금채를 기다리고 있었다. 금채가 느끼는 행복지수는 급상승해졌다. "캬!~ 바로 이 맛이야!!!"하며 평소에는 1~2잔이 딱이었는데 남편보다 더 많이 마셔 버린 것 같다. 하하하하하!

그렇게 맛있는 도시락과 막걸리로 기분을 업시키니 행복이란 결코 멀리 있는 남의 이야기가 아니었다. 자연의 정기를 받으며 남편 뒤편으로 살포시 누워 남편의 허리를 꼭 안았다. 참! 편하고 좋았다.

나는 남편과의 사이가 항상 그렇게 좋은 것은 아니다. 그동안 남편과 잘 지내 오다가 올 초부터 티격태격 하는 일이 잦았던 것이다. 나는 벌떡 일어나 커피를 타서 남편과 마시며 이런저런 이야기를 도란도란 나누었다. 역시나 맑은 산의 좋은 정기를 받은 탓인지 부부지간에 허심 탄회하게 대화의 물꼬가 술술 풀리고 많은 대화를 나눌 수 있었다. 결론은 우리 부부의 마음 중심에 가족의 소중함이 밑바닥에 깔려 있음을 재삼 확인할 수 있는 좋은 기회였다는 것이다.

우리 둘은 한없이 즐거운 시간을 이야기로 엮어 나갔다. 우리 부부의 진솔한 이야기를 옆에서 뛰어 놀던 다람쥐 가족도 들었을 것이고 나뭇 가지에 앉아서 쉬고 있던 종달새 부부도 들었으리라.

그리고 집에서 기다리고 있는 아이들을 위해 하산하려고 할 때에 갑작스럽게 남편은 평소 내려가던 곳과는 다른 반대편으로 내려 가보잔다. "새로운 길도 나쁘지 않지…" 하며 남편을 따라 나섰다. 새로운 길은 인적이 드문 곳이라 확실히 자연 그대로여서 좋았다. 아름다운 자연미를 연신 즐감하면서 우리 부부는 반하고 말았다. 다양하게 펼쳐진 훼손되지 않은 자연이 너무나도 예뻤기 때문이다.

"역시! 울 써방 최고야!"

탁월한 선택을 한 남편 뒤를 졸졸 따라 내려가며 남편 들으라고 뱉은 말이다. 남편에게 평소보다 칭찬을 아끼지 않으며 노래까지 흥얼거리면서 듬직한 남편 뒤를 졸졸 따라 내려갔다.

그런데 한참을 가다보니 '어라! 길이 없다.' 나는 농담 반 진담 반으로 투덜투덜 거리며 여전히 남편을 따라 가는데 하산 길은 말 그대로 험산 준령이었다. 다른날 보다 버겁게 마신 막걸리로 인한 취기도 힘들고 길도 없이 가는 것도 너무 힘들어 나는 "힘들어! 힘들어!" 하며 남편에게 푸념하면서 따라 갔다.

남편은 갖은 농담을 다하며 금채를 달래었지만 금채를 향한 미안한 기색이 역력했다. 살다보면 어디 좋은 날만 있겠는가? 인생이란 맛있는 도시락 먹는 재미만 있는 것이 아니다. 길을 잘 못 들어 힘들게 산을 헤메는 어려움 같은 고난도 반복적으로 일어날 수 있다.

이날은 우리 부부가 힘든 가운데 많은 깨달음을 얻은 날이다. 가파른 길마다 손을 잡아주며 부부의 소중함을 느낄 수 있는 귀한 시간이었다. 이렇게 생사고락을 같이 나눌 수 있기에 부부라고 하는가 보다.

오늘은 부부의 날!

바쁜 가운데 일에 취해 살면서 남편이나 아내를 위로하고 격려하며 사랑을 나눌 시간을 혹시 포기하지는 않으셨는지? 우리가 살아가는 목적은 자기의 목표를 향해 달려가는 것도 맞을테지만 그것만이 전부가 아니다. 하나님이 주신 소중한 가족들의 행복전선 이상유무를 살펴가면서 자신의 목표도 잘 이루어 가는 것이 진정 품격 있는 삶이지 않을까?

혹시라도 내 자신이 성공한 후에 함께 기뻐할 가족이 없다면? 그 성공은 '말짱 꽝!' 임을 말씀 드리고 싶다. 가족이 있어 행복하며 대화가 통하는 남편이 있어 행복한 금채!!! 오늘도 변함없이 행복하다고 이 연사 여러분들께 외친다.

"나는 행복합니다. 정말 정말 행복합니다. 하하하하하!"
"나는 행복합니다. 정말 정말 행복합니다. 하하하하하!"

아버지학교

우리 부부는 아버지학교, 어머니학교를 각각 수료했다. 종교를 초월하여 행복한 가정을 이끌어가기 위해서 이러한 프로그램에 참석하는 것은 권장할만한 일이라고 생각한다. 그래서 좋은 부모가 되시려면 이 과정에 꼭 참여 해 보시라고 권해 드리고 싶다.

남편이 몇 해 전 아버지학교를 먼저 참가한 후, 아이들에게 퉁명스러운 나의 상태를 보며 "당신은 어머니학교에 등록해서 강의를 들어야겠어." 라기에 "나도 몇 개월 전부터 신청해 놓았고 이젠 때가 되어 듣게 되었다. 이심전심이었나 보다. 하하하하하! 그리고 나도 어머니학교를 수료했다.

그로부터 몇 년이 흘렀다. 그런데 어머니학교 과정에서 내가 배우고 터득한 진리는 어머니로써 아내로써 나 자신에게도 엄청난 도움이 되었다.

우리는 부모가 되는 교육과정을 거치지 않고 부모가 된 경우이다. 우리 부부만이 아니라 대부분의 중장년층 부부들이 그럴것이다. 기본예절 교육은 받았다지만 정작 어머니로써 아내로써 실제적으로 필요한 교육은 받지 못했다. 그러다가 어느 날 갑자기 사랑이란 이름으로 시작된 결혼이었기에 온통 시행착오의 연속들이 아니었나 싶다.

그렇게 시행착오를 하면서 부부간에 지지고 볶고 살아 가는 게 우리네 삶이었다고 한다면? 조금 더 일찍부터 예비 부부학교 등 다양한 프로그램을 찾아다니며 공부하면 좋았겠다는 후회가 든다. 그랬다면 더욱 현명한 아내이자 엄마 역할을 잘 할 수 있었을 텐데 말이다.

어제 저녁에 있었던 일이다. 일찍 퇴근한 남편이 한 잔 술을 하는데 아들이 아버지학교 서약서를 들고 한 잔 중인 아빠에게 보여드리며 이렇게 말하는 거다.

"아빠! 앞으로 술을 안 마신다고 서약 하셨잖아요?"

사실 요 몇일간 우리 부부 사이에 찬바람이 쌩쌩 불고 있는 중이었다. 그런데 그만 아들 덕분에 심각했던 얼굴들이 순간 '하하하하하' 로 바뀌었고 우리 부부는 한바탕 크게 웃게 되었다. 그 덕분에 우리 부부는 편한 마무리를 할 수 있었다.

금채에게는 이렇게 엉뚱한 듯 하면서도 속이 깊은 아들이 있어 감사하며 행복하다. 그리고 깨달음이 있고 발전적인 남편이 있어 감사하며 행복하다.

어제 퇴근길에 딸에게서 전화가 왔다.

"엄마! 빨리 오세요. 선물이 준비 되어 있어요."

딸의 말을 듣고 부지런히 집에 도착해 보니 딸아이가 말린 무화과를 준비하여 엄마를 기다리고 있는 게 아닌가? 금채는 평소에 말린 무화과를 무척 좋아한다. 그러기에 엄마가 기분 좋아할 선물임을 알고 있는 귀염둥이 딸이 엄마에게 사랑 표현을 한 거다. 하하하하하!

이렇게 엄마를 세심히 배려하는 귀여운 딸도 있어 금채는 감사하며 행복하다. 그리고 또 하나 있다. 현관문 앞에서 기다리다가 집에 들어서는 금채에게 진한 키스로 반겨주는 뽀송이! 그렇게 뽀송이까지도 기쁨의 인사를 항상 안겨 주기에 나는 감사하며 행복하다. 하하하하하!

돌아보고 찾아보면 감사하고 행복 넘치는 삶이니 또 감사하고 행복해한다. 그러니 금채는 더욱 행복한 여자이다. 하하하하하!

우리 집 카레는 빨간색

나는 평소에 주부들이 반찬을 사다가 먹는 것을 이해하지 못했다.
그런데 요 며칠 사이에 너무 바쁘다 보니 나도 그만 반찬을 사게 되었다.
사무실에서 먹을 반찬으로 마늘쫑, 파래 무침, 북어채 무침, 무말랭이
무침 등을 샀고 집에서 먹을 반찬으로 장조림, 계란말이, 어묵 볶음,
감자볶음 등을 푸짐하게 구매했다. 반찬을 사서 먹게 되니 참 편리
하고 좋았다.

하루는 미소가 "우리 엄마 솜씨!" 하며 계란말이를 사진에 담아서
인터넷에 올렸단다. 그랬더니 미소 친구들 왈!!! "니네 엄마 음식솜씨
끝내주네?" 하며 칭찬까지 댓글로…. 하하하하하!

그 후 다시 아이들 먹을거리를 사다가 그릇에 먹기 좋게 담아두고 출근
했다. 그랬더니 아들한테서 전화가 왔다. '맛은 있는데 엄마 솜씨가
아니라 먹기는 했어도 행복하지가 않단다. 하하하하하! 이를 어째?
아들이 슬쩍 내어 뱉은 말에 너무 미안했다.

일이 중요한 것이 아니라 남편과 아이들이 행복해야 하는데…. 갈수록
집안일은 관심 밖이 되어 버리니 말이다.

어제는 계란말이를 나름대로 정성껏 만들어 먹기 좋게 접시에 담아 놓고 출근했다. 그리고는 오늘 아침 학교 가는 아들에게 "어제 엄마표 계란말이 어땠니?"라고 물었더니 "참! 맛이 좋았어요." 하는 거다. 그 순간에 또 한 번 미안함을 느꼈다. 모양새 좋고 맛만 좋으면 될 거라는 짧은 생각에 말이다.

이렇게 아들은 엄마의 정성과 엄마 손맛을 좋아하는 녀석이라는 것을 다시금 느끼며 더 큰 책임감이 생겨났다. 그래서 오늘은 카레를 만들어 두려고 일어나자마자 재료를 준비해서 볶고 카레를 찾았다. 그런데 이를 어째요??? 결정적으로 카레가 없는 거다. 하하하하하!
평소에 카레를 여유 있게 사다가 두었기에 카레가 없을 거라는 생각을 미처 못 했던 것이다. 하하하하하!

허겁지겁 냉장고를 뒤져보니 마침 조림 소스가 있어서 넣었다. 그랬더니 노란카레 재료가 삽시간에 붉은색 조림으로 변해 버렸다. 하지만 그럭 저럭 맛은 괜찮았다. 하하하하하!
 '반성 또 반성!'

이 일을 통해 남편에게도 아이들에게도 더 신경 써야겠다는 생각을 하는 계기가 되었다. 바깥 일에 분주한 금채이지만 그래도 챙겨 주어야 하고 보살펴 주어야 하는 가족이 있으니 금채는 정말로 행복하다.

더 멋진 행복을 꿈꾸는 금채! 앞으로는 가족에게 더 신경 쓸 것을 다짐해 보니 행복하다. 정말 정말 더 행복하다. 하하하하하!

호호~매운 쭈꾸미!

토요일에 남편과 함께 근교로 여행을 다녀왔다. 간만에 온종일 남편과 함께 하니 나도 좋았지만 남편 얼굴에 화색이 돌았다. 뭐라 말은 안 해도 행복함이 역력히 보였다.

우리 부부가 찾아간 야외에는 샛노랗게 만발한 개나리와 아직 아름드리는 아니지만 하이얀 꽃을 주렁 주렁 달고 있는 벚나무 그리고 꽃망울을 막 터트린 탐스러운 목련 등이 우리 앞에서 행복 예찬을 벌이고 있었다. 우리 부부만큼이나 사랑스러운 눈빛 웃음으로 나그네들을 맞으면서….

이곳저곳을 울긋불긋 장식하는 그들의 춤사위 때문에 나와 남편의 눈은 정신없이 바쁠 수밖에 없었다. 우리는 그 안에서 행복한 설레임을 여운으로 가지면서 자연의 아름다움에 푹 젖어 들고야 말았다. 연애하던 시절의 감성이 되살아났다고 할까? 하하하하하!

동부간선도로를 지나면서부터 어디를 가더라도 잘 되어 있는 길다란 산책로를 보며 자동차 매연이 잘 안 어울린다는 생각도 들었다. 매연을 보니 산책로를 따라 운동하는 분들이 안쓰럽게도 여겨졌다.

사실 우리 동네 산책로는 자연 그대로라서 매연도 별로 없는 곳이다. 매연 걱정 없이 살 수 있는 우리 동네를 생각하면서 행복하다는 생각이 우리 부부에게 동시에 일어났다.

"여보! 우리는 참 좋은 동네에 살지?"

그렇게 그날 오후 사랑하는 남편과 행복한 데이트를 마치고 집으로 돌아와서는 아이들을 불러내서 요즘 제철인 쭈꾸미 요리로 온 가족이 행복 만찬을 즐겼다. 쭈꾸미 요리가 입안에 매콤함과 더불어 얼큰하게 안겨주는 그 맛이 왜 그리도 맛있는 걸까?

식사 후 배가 너무 불러 산책로를 잠시 걷자며 남편의 손을 잡아끌었다. 오랜만에 남편과 함께 초저녁 데이트를 즐기는 금채의 마음에는 행복이 뭉게구름처럼 피어올랐다.

남편에게 "오늘 온종일 금채랑 함께라 많이 행복 했죠?"라면서 "당신이 말 안 해도 당신 얼굴에 온통 금채 이야기로 가득 쓰여 있던데…하하하하하" 하며 먼저 선수를 쳤더니 남편도 정말 많이 행복 했단다.

우리는 결혼 19년차이다. "근 20년을 살아오면서도 서로의 맘속에 깊숙한 앙금이 없어 다행이야!" 하며 내 예쁜 손을 꼬옥 잡아 주는 남편이 이 세상 그 누구보다 더 잘 생긴 미남으로 보였다.

그래서 기분은 맑음 그 자체였고 발걸음은 나비처럼 가볍고 경쾌한 밤이었다.

늘 바쁘다는 핑계로 각자 생활에 몰두 하다가 요즘에는 예전처럼 함께 하려고 마음을 쓰니 시간이 된다. 무엇이든지 하려고 하는 마음만 있으면 좋은 쪽으로 될 수 밖에 없는 것이 세상사는 이치가 아닐까? 하하하하하!

요즈음 우리들 주변을 둘러보면 많은 가정들이 무너져 가고 있다. 조금만 더 자신이 몰두하는 일들을 접고 자신의 가족을 돌아보며 가족의 마음을 읽어주면 어떨까? 하나님이 맺어준 가정을 잘 이끌어 가기 위해 노력하는 모두가 된다면 이 세상은 천국같이 되지 않을까?

낮에 차에 앉아 있는 나에게 남편이 비닐봉지를 찾기에 비닐봉지를 하나 건네 주었더니 잠시 동안에 남편은 돈나물을 한 봉지 뜯어왔다. 그리고는 집에 돌아와서는 돈나물을 깨끗이 씻어 밥을 비벼 내 입에 한 입 쏘~옥 넣어 준다. 바로 이런 작은 기쁨이 행복이지 싶다. 한 입 받아먹으면서 불량 주부로서 미안하고 감사했다. 하하하하하!

그날 밤 남편이 지나가는 말로 어깨가 많이 아프다고 하기에 나름대로 돈나물 비빔밥에 대한 보답으로 남편을 눕혀 놓고 정성껏 이곳저곳 마사지를 해 주었다. 그랬더니 남편의 야무진 입이 쭈욱 벌어져 귀에 걸리고 만다. 하하하하하!

우리 부부는 이렇게 산다. 우리 집의 가정사가 남들이 보기에는 시시콜콜할 수도 있겠지만 이렇게 살아가는 것도 행복이라고 외쳐본다. 행복이 뭐 대단한데에서 오는 것인가? 작은 것에서 행복이 숨어 있고 그 행복을 찾아내는 사람이 행복한 게지!

금채는 작은 행복을 찾아내고 누리고 산다. 그렇게….

금채의 행복에너지 팡팡팡

겁나게 맛난 거!

남편과 나는 나이 차가 제법 있다. 하하하하하!

가끔 우리 부부는 분위기 있는 곳에 가서 한잔 하곤 하는데 우리 부부를 불륜으로 보는 분들도 가끔 생긴다. 그것은 내가 하도 철없이 옷을 입고 다니기에…. 하하하하하!

남편 왈!!! 여태 건강에는 자신이 있었는데 이제는 건강에 자신을 못하 겠단다. 능력 없는 나에게 어쩌라고? 남편이 콜레스테롤 수치도 높거나 크게 지병이 있는 것은 아닌데 건강검진 후부터는 건강에 신경 쓰려고 애를 쓴다.

그래도 금채가 대체의학을 연구하기에 금채 말을 좀 들어 주면 간단 할 텐데 말이다. 바로 옆에 있는 아내의 말은 신빙성이 없나 보다. 누구 보다도 남편을 잘 아는데 말이다.

남편이 건강을 자부 할 때에는 조심할 부분을 툭툭 던져 주면 듣기 싫어했었다. 그러나 이제는 슬슬 관심을 가지고 건강 상담을 해 오며 금채가 조심하라고 언급하는 것들을 신경 쓰며 고치려고 노력한다. 남편도 이젠 건강에 철이 드나 보다. 하하하하하!

얼마전 한의원 원장님에게 푸념을 털어 놓았다. 남편은 금채 말을 들어 먹을 생각을 안 한다는 이야기 말이다. 금채의 말을 들은 원장님이 씨익 웃는다. 그러면서 평상시 베스트 푸드로 미나리와 부추를 어느 음식에나 첨가해 먹는 버릇을 가지면 고밀도 콜레스테롤 걱정도 안하게 되고 또한 다양한 부분에 효과가 있을 거란다. 남편의 건강을 걱정해 주시는 원장님! 심히 감솨^^~알랴뷰!

그래서 큰 마음을 먹고 퇴근길에 미나리와 부추를 사왔다. 이것은 순전히 남편의 건강을 생각해서이다. 사실 미나리는 난생 처음으로 샀다. 하하하하하!

나는 여태 미나리를 모두 다 먹는 줄 알았더니 줄기만 먹는 거란다. 미나리를 판매 하는 아주머니가 그것도 모르는 나를 바라보면서 막 웃는다. 미나리 앞에서 그만 불량주부 제대로 티내고 말았다. 하하하 하하!

요즈음 남편은 평소 안하던 짓을 하는 나를 보며 신통해 하며 고맙단다. 그런데 남편이 나에게 고맙다고 하는 말이 왜! 찔리지? 평소에 좀 잘 해 줬어야 하는데 내 일에만 신경 쓴 내 자신이 갑자기 미워진다. 하하하 하하!

미나리를 다듬는데 시간이 많이 걸렸다. 한참동안 다듬어 일부는 냉장실에 넣어두고 일부는 부추부터 살짝 양념을 해 보았다. 부추 양념 냄새에 달려온 남편이 '밥을 비벼 먹자'고 하기에 너무 늦은 시간이라 살쪄서 안 된다며 나는 미나리를 버무렸다. 그러다보니 미나리 향이 코끝을 자극하는데 살이고 뭐고 나도 그만 참을 수가 없었다.

미나리와 부추를 따로 따로 양념한 후 조금씩 섞어 참기름 한 방울 '똑!' 떨구어 비볐는데 어쩜! 이리도 맛이 좋은 걸까? 맛이 예술이었다. 아이들은 자고 있어서 둘이서만 '진짜 맛있다. 맛있다'를 연발하며 맛있게 먹었다. 그날 밤 우리 부부 둘이서 먹은 미나리 부추 비빔밥은 양푼이 하나 가득했었다고 한다면 과장된 표현일까나? 하하하하

이런 맛은 고급 전문 식당에서만 느낄 줄 알았는데 내 손으로도 충분히 가능함을 알게 되고서 무척 기쁘고 행복했다. 미나리 비빔밥 한 그릇의 행복이다. 하하하하하!

실컷 미나리 비빔밥으로 배를 채웠으니 곧장 침대로 갈수도 없고 해서 소화도 시킬 겸 이렇게 또 푼수처럼 글을 쓰고 있다. 배부른 것만 빼고 어찌 행복하지 않을 수 있겠는교? 하하하하하!

꿈과 목표가 다부진 내 남편

그저께와 오늘 우리 부부는 산에 올랐다. 연일 눈이 온 탓인지 산행 길은 유난히도 미끄러웠다. 오늘은 어린 시절에 시골 눈길 위를 걸으며 느꼈던 눈 밟는 소리가 정겨움으로 다가왔다. '뽀드득 뽀드득' 이 안겨주는 느낌을 그대로 느낄 수 있어 참 아름다운 산행이었다.

요 몇일동안 눈도 오고 날씨도 좋지 않아 금채는 외출을 자제하고 오직 독서에 몰입하기로 했다. 미리 구해 놓아 읽어야 할 분량의 책이 많다. 그러나 오늘은 눈 덮인 산자락에 돗자리 하나 펴고 남편과 둘이서 막걸리를 사이좋게 나누며 부부의 일탈을 즐기니 이것도 행복이다.

나는 남편 옆에서 가져간 책을 읽으며 정겨운 시간을 가졌다. 서로 공유 하고픈 글귀가 나오면 간간이 남편에게 읽어주면서….

사실 작년까지는 아무 근심 걱정 없이 마음 편히 살았다. 그러나 올해 부터는 큰 목표를 세웠다. 그래서 서로 머리를 조아리며 그 목표를 성취해 가기 위해 서로 노력하다 보니 대화만 아니라 때로는 다툼도 생기게 되었다.

그렇지만 우리는 부부가 아닌가? 돌아서면 남이지만 마주보면 가장 가까운 친구요 동반자요 동지이며 가족이 아닌가? 그냥 현실에 안주하는 밋밋한 삶은 별 의미가 없다. 그래서 조금은 힘겹지만 함께 힘을 합쳐 잘 감당해 가자고 약속했다. 그렇게 눈 덮인 산자락에서의 망중한은 부부 사이를 더 친밀하게 하는 행복의 윤활유가 되었다.

요즈음 남편이 하는 일이 많이 힘겨운지 얼굴도 거칠어진 듯 싶어 남편이 안쓰럽다. 남편이 많이 예민해져 있으니 나도 많은 인내가 필요한 듯 싶다. 그동안 정말로 편한 삶을 살았다. 당장 죽어도 원이 없을 정도로 풍요로운 삶을 작년까지 살았기에 크게 불만은 없다. 오직 금채가 사랑하는 남편이 힘들어 하는 현실에서 남편에게 힘이 되려고 함께 노력할 뿐이다.

정말이지 남편에게 고맙고 감사하다. 꿈이 있고 제대로 된 목표가 있는 남편과 함께 살아 갈 수 있기에 말이다. 이 세상에 그렇지 않은 남편들도 많지 않은가? 그러니 나는 많이 든든하고 행복할 뿐이다. 그렇게 멋진 남편과 살고 있으니 금채는 행복한 여자이다.

"금채! 그대는 행복한 여성이다." 하하하하하!

봄맞이 대청소

휴일 아침 작심하고 길게 늘어지게 누워 있노라니 주방에서 달그락 달그락거리는 소리가 들린다. 도대체 시끄러워 잠을 잘 수가 없다. 그래도 일어나기는 싫어서 '에라! 모르겠다.' 하고 누워 뒹굴었다. 그러다 보니 10시 정도가 되어 남편이 깨우는 게 아닌가?

"여보! 이제 그만 일어나자…."

나의 단잠을 깨우는 거다. 으그그그그!!!!! 달콤한 잠을 방해한다며 인상을 살짝 쓰며 일어났는데 바깥이 난리다. 흐미! 푸욱 쉬고 싶었는데 봄맞이 대청소라도 하려는지 온 집을 들쑤셔 놓은 게다. 으으으으 왕! 짜증이다. 하하하하하!

어찌 되었든 아침은 먹어야 하기에 잽싸게 밥을 먹었다. 그리고는 커피를 마시고 나서 남편이 벌려 놓은 것들을 수습하기 시작했다. 그렇게 한참을 치우다 시간을 보니 점심때가 다 된 것이 아닌가?

치우는 일을 일단 중단하고 잔치국수 국물을 우리기 위해 육수재료를 올려놓고 또 정리하고 그렇게 하다 보니 먼지를 뒤집어 쓴 몰골로 잔치 국수를 삶아 가족들과 같이 나누어 먹었다. 일한 중간의 잔치 국수맛은 꿀맛이였다. 이것도 행복이었다.

내가 누구인가? 나는 웃음강사이다. 웃음강사 체면이 있지 어찌 힘들다고 인상 쓰며 뒷수습을 하겠는가? 수시로 입가엔 개구리 뒷다리를 외치며…. 금채부부는 이래서 부부인가 할 정도로 호흡이 딱딱 맞는다. 그렇게 일처리가 매끄럽게 진행되어 잘 마쳤다. 몸도 마음도 모두 유쾌 상쾌 통쾌했다. 하하하하하!

다른 집들은 여자가 설칠텐데 우리 집은 거꾸로 남편이 대청소하자고 먼저 나선다. 금채의 남편은 안팎으로 일을 잘하는 정말 멋진 남자이다. 그래서 더 사랑스럽고 행복하다. 하하하하하!

간장 쳐 먹을까?

우리 가족의 종교는 기독교이다. 그래서 주일날 오전에는 온 가족이
나란히 교회에 간다. 오늘은 나와 아들 그리고 딸과 남편 순으로 앉아
예배를 드리고 나오는데 남편을 바라보니 뿔이 나 있었다.

예배 시간에 아이들이 찬송도 기도도 하지 않고 간간이 잡담까지 한
것이 남편 눈에 거슬렸던 것이다. 흐미! 내 계획은 오늘 예배 마치고
집에 가는길에 국수집에서 국수와 칼수제비를 시켜 먹고 들어올 생각
이었는데…. 분위기가 영 아니었다.

찬바람을 살짝 풍기며 우리를 앞질러 가던 남편이 국수집 앞에서
발걸음을 멈추기에 '우리 국수 먹고 가자' 하고 얼른 말을 하려던
찰라! "집에 국수 있어?" 라고 묻는다. 에고고 어쩌라고….

나는 얼른 "우리 여기서 먹고 가자." 고 말했더니 집에 가서 해먹자네.
흐미!!! 다른 때 같으면 우겨서 먹고 들어 왔을텐데 아무튼 오늘은 그냥
조용히 집에 도착했다.

마침 집에 국수에 얹어 먹기 좋은 간장이 있기에 남편은 간장만 있으면
국수를 먹을 수 있다고 생각했나 보다.

그래서 내가 "국수 삶아서 간장만 처 먹자"고 했더니 "처 먹자"라는 소리에 깜짝 놀란 남편이 나를 바라보며 웃음을 터트렸다.

그래서 내가 한 수 더 떠서 전라도 사투리 예를 들었다.

"전라도 새댁이 경상도 시부모님 앞에서 '어머님! 토마토 설탕에 처 먹을까요?' 라고 했다가 시부모님이 엄청 당황해서 어쩔 줄 몰라 했데요."

나의 이 말 한마디에 온가족의 얼굴에 가득했던 무거움이 눈 녹듯이 사라졌다. 나는 얼른 국수 육수를 맛나게 내어 잔치국수 맛을 제대로 즐기는 훈훈한 점심 식사가 되었다.

살다 보면 살얼음판 같은 상황들이 이렇게 발생할 수 있다. 좋지 않은 일에 집중해 서로 얼굴을 붉힐 때에는 때에 맞는 적절한 유머가 분위기 전환에 그만이다. 유머는 삶을 즐겁게 만든다. 유머를 친구 삼아 화기 애매한 분위기가 아니라 화기애애한 분위기를 만드는 주인공들이 된다면 마음만은 언제나 따뜻하지 않을까?

금채는 오늘도 이렇게 행복을 엮어간다. 하하하하하!

새해 첫날 눈 덮인 산행

새해 첫날 불량 주부 금채가 불량 주부에서 벗어나고 싶어 11시에 눈을 떴다. 그러자 아침을 굶은 남편 왈!!! "뭐 좀 먹자"라는 게 아닌가? 하하하하하!

후다닥 일어나서 주방으로 달려가 잽싸게 밥과 반찬을 차렸다. 그리고 맛있게 아점을 먹고 나자 남편은 또 산에 가잔다. 머뭇거림 없이 남편을 따라 산으로 나섰다. 하하하하하!

이것저것 챙겨 등산 가방에 넣고 휘파람 소리를 들으며 산에 도착해 보니 제법 부지런한 사람들이 이렇게 많을 수가! 우리 부부의 산행에 귀염둥이 미소도 새해라고 따라 나섰다. 예쁜 딸이지만 새해 첫날 부모와 같이 산행하니 정말 더 예쁘게 보였다. 어린 녀석이 그래도 새해 첫날 이라고 새로운 마음을 먹었다는 것이 신통하지 않은가?

그렇게 우리 셋이 산에 도착해서 둘러보니 세상은 너무나도 아름다웠다. 사방이 온통 눈으로 덮여 깨끗한 모습으로 우리를 반기고 있으니 마음이 시원해졌다.

하얀빛 눈 속에 푸욱 잠긴 산을 감상하면서 나는 그렇게 남편에게 속삭였다. "그래! 바로 이 맛이야!" 산에서 우리 가족은 한 해를 행복하고 더 알차게 살아 보자고 곱게 다짐하고는 어둡기 전에 일찌감치 하산하였다.

하산길에 식당에 들렀다. 미소에게는 육개장을 시켜 주고 우리 부부는 막걸리를 한 사발 시켜 놓고 가볍게 한잔 했다. 기분은 굿이었다. 어느 날보다 더 시원한 맛이 가슴 속으로 깊이 스며들어 왔다. 하하하하하!

산은 언제 가도 좋다. 이렇게 산은 여유롭고 평화로움을 그대로 안고 우리를 기다린다. 산에 가면 행복하고 넓은 마음을 갖게 도와준다. 새로운 한 해! 정말 열심히 잘 살아야지! 이미 새해 목표 설정을 하셨겠지만 행여 목표 설정을 못하신 분들은 목표를 빨리 세우고 글에 써서 적당한 곳에 붙여 놓고 늘 읽어 보시라! 간절한만큼 이루어진다.

나도 작년에 메모해 놓았던 글들을 보면서 정말 깜짝 놀랐다. 작년 첫날에 소원했던 일들 대부분이 이루어진 것에 놀라움을 금치 못했다. 다들 아시겠지만 목표를 세우는 것은 정말 중요함을 새삼 더 느꼈다.

목표를 머리로 생각 하는 사람과 글로 만들어 붙여 놓고 늘 바라보는 사람의 차이는 확연히 다르다. 그것은 체험해 보지 않으면 모를 것이다.

금채는 성공에 대해 이렇게 생각한다. 끊임없이 새 목표를 세우고 그 목표를 향해 전진하다 보면 이루어진다고 말이다. 아무리 좋은 꿈이라도 생각 안에만 있으면 안 된다. 실천이 중요하다.

새해에는 우리 모두 새로 시작하는 거다. 새로 시작할 기회가 또 생겼으니 이 얼마나 행복한가? 우리 부부는 더 큰 행복을 위해 더 큰 사랑을 밑거름으로 뿌릴 것이다. 금채 부부는 그래서 또 행복하다. 새해에는 더 큰 행복을 거머쥐기를 기대하면서 큰 웃음을 지어 본다. 하하하하 하하하하하!

2부 │ 금채가
별과 달같이 아끼는
금채의 분신들이야기

사랑하는 딸 미소 , 사랑하는 아들 세광이와 함께 ...

사랑짱! 인기짱!

금채에게는 예쁜 딸과 멋지고 듬직한 아들이 하나 있다. 그런데 얼마 전 딸 미소에게서 문자가 왔다.

'엄마! 삼선 슬리퍼 사다 주세요. 핑크로요.'

그리고 다시 또! 문자가 도착!!!'

'꼭 핑크여야 해요. 왜! 난 공주니깐... ㅋㅋ'

나는 바로 답문을 했다.

'응! 너 공주 맞다!!! 엄마 친정이 창덕궁이거든. 빨리 옷 갖춰 입고 있으렴. 외가댁 가게!'

그러자 어김없이 딸 녀석에게서 문자가 날아온다.

'1절만 해라 잉!'

이처럼 나는 내 딸 미소와 함께라면 유쾌 상쾌 통쾌하다. 하나님은 어쩌면 이리도 궁합이 잘 맞는 딸을 나에게 선물로 주셨는지 무한한 감사만 드릴뿐이다. 궁합이라는 게 이성적 대상인 남녀 간에만 국한된 것은 아닌 듯하다.

나는 다양한 잠재능력의 소유자라고 생각한다. 인간은 누구나 같겠지만…. 아마도 요즈음 같이 모든 것이 넉넉한 시대에 태어났다면 나는 큰 인물이 이미 되어 있지 싶은데, 매우 애석하게도 시대를 살짝 앞서서 태어나 준비가 미비한 관계로 큰 인물이 되려면 시일이 좀 더 걸리지 싶다. 하하하하하!

그러나 금채의 아쉬움을 하나님이 헤아려 주셨을까? 딸 미소는 나의 무한한 잠재력을 나보다 몇 단계 업그레이드 해서 태어났다. 성격이 좋아 친구들에게나 선생님들께도 사랑짱 인기짱을 누리며 학창시절을 보내고 있기에 엄마인 나로서는 참! 감사하다.

어버이날 미소가 나에게 장문의 편지를 썼다.

'엄마는 친구 같아서 참 좋아….
어디 내 놓아도 자랑스러운 엄마이고
뭐든 열심히 노력 하는 엄마이고….
나도 엄마처럼 나이 먹어도 언제나 예쁘게 하고 다닐꺼야….'

아주 의젓한 말투의 내용으로 편지를 써서 나에게 감동을 안겨 주었다. 이렇게 종종 엄마인 나를 행복하게 만들어 줄 줄 아는 아이가 바로 내 딸 미소이다.

나의 친정 8남매 언니 오빠들은 대부분 아들만 낳았다. 그래서 막내인 금채가 딸을 낳은 부분에 대해 많이 부러워들 한다. 그럼 나는 "딸은 아무나 못 놔!" 하며 언니, 오빠들 앞에서 까분다. 하하하하하!

나는 미소랑 함께 온종일 집안에만 있어도 행복하다. 그리고 미소와 함께 쇼핑을 하거나 미소가 원하는 놀이기구를 함께 타도 행복하다. 그리고 때로는 예쁜 곳에 가서 맛있는 것도 함께 먹는 것도 행복하다. 나의 분신인 예쁘고 귀여운 미소랑 함께 하면 계속 입가에서 미소가 떠나지 않는다. 미소도 때로는 큰 웃음으로 아주 호탕하게 웃는다. 부모가 이름을 잘 지은 탓인가? 하하하하하!

나도 남에게 만만치 않은 기쁨조인데 미소는 나보다 더한 기쁨조이다. 거기에 미소네 외갓집까지 창덕궁이니 이 어찌 행복이 아니라 할 수 있겠는가? 하하하하하!

웃음소리가 나는 집에는 행복이 와서 쳐다보고 고함소리가 나는 집에는 불행이 와서 쳐다본다고 한다. 이렇게 웃음이 넘쳐나는 행복한 우리 집이지만 가끔 고함소리가 날 때도 있다.

하지만 고함치는 상대에게 더 고함치라고 부추기는 일을 조심하면 곧 웃음소리가 난다는 사실을 말씀 드리고 싶다. 고함은 고함으로 이길 수 없다.

나는 웃음이 참 좋고 행복이 참 좋다. 왜냐구? 나도 가끔은 고함을 잘 치기 때문이다. 그러하기에 고함치는 상대를 잠재우는 데에는 금채도 벌써부터 도사 격이 되어 버렸다. 하하하하하!

만일 보통이 아닌 나의 괄괄한 성격으로 인해서 '웃음 & 행복'을 빨리 터득하지 않았다면 날마다 불행이 우리 집을 넘보았을 것이다. 그래서 행복이 쳐다보는 상황을 자주 만들어 가는 순발력과 재치가 제법 본능적으로 살아 있는 내가 그래서 참! 좋다. 그래서 난 오늘도 행복을 자신 있게 외친다. 하하하하하!

가끔 가족사진 찍으실래요?

우리 가족은 가끔 가족사진을 찍는다.

오늘도 미리 예약 후 강남 스튜디오에서 아주 행복한 시간을 보냈다. 금채야 웃음과 결혼 하였다고 자부하기에 표정이 살아 있다. 얼굴에 웃음을 가득 머금은 표정은 누구 앞에서도 자신이 있는 금채이다.

그러나 나의 가족들은 웃음 연습이 많이 필요하다. 그래서 사진을 찍기 전에 연습으로 한 명 한 명 웃는 컷 연습에 들어갔다. 그런 모습도 참 재미가 있었고 추억에 남는 고운 순간들이 되었다.

요즈음처럼 삭막하고 웃음이 없는 세상에 가족사진을 간간이 찍는 것도 참 괜찮은 행복이라고 생각된다. 넘치는 웃음 속에서 행복이 넝쿨 채 굴러 들어옴을 만끽할 수 있기에 가족사진 촬영을 강력히 추천하고 싶다. 가족사진을 찍으러 온 가족이 사진관에 종종 가시라고 말이다.

이날 우리 가족은 정말로 유쾌 상쾌 통쾌하게 사진 촬영을 끝내고 강남에서 맛있는 저녁을 여유롭게 먹었다. 그리고 나서 온 가족이 마트에 들러 오늘 저녁에 있을 축구 시청을 위해 먹거리들을 사들고 돌아오면서 딸 아이를 바라보니 천사가 웃고 있는 줄 착각할 정도였다.

딸아이도 오늘 온가족의 얼굴에서 번진 미소가 꽤나 인상이 깊었는지 오늘의 즐거운 소감을 웃음에 담아 내내 조잘 거린다. 집에 돌아와서 내가 글을 쓰는 이 순간에 사랑하는 남편은 안주거리를 잔뜩 준비해 놓고 한잔 하자고 또 부른다. 하하하하하!

살아오면서 좋은 날도 있었고 궂은 날도 있었다. 이렇게 희비가 교차되는 나날 속에서도 이러한 즐거움이 양념처럼 담겨지는 멋진 날이 있음을 발견하였다. 그래서 조금 힘든 날이 있더라도 거뜬히 참아내며 남편과 함께 지금까지 달려 올 수 있었던 것 같다.

오늘 아침에는 외출 준비를 하는데 위층에서 싸우는 소리가 심하게 들렸다. 물론 부부 싸움이 꼭 나쁜 것은 아니다. 애정이 있으니 싸움도 하기에 말이다. 그러나 갈라 설 것이 아니라면 서로에게 상처를 안겨주는 말들은 삼가해야 한다. 정말로 안 살 생각이라면 이판사판 공사판으로 아주 그냥 죽여줘서 끝장을 내버리면 되겠지만 그것이 아니면 조금씩만 이해하고 배려하면서 상대방의 마음을 헤아리려고 애써 보자.

서로 잘 살기 위해서 말한다. 그러다 보니 쓴소리도 한다. 그런데 만일 쓴소리를 한다고 서로 행복하게 될까? 그렇게 된다면 일어나서부터 잠 잘 때까지 마구 마구 쓴소리를 외치며 살자.

그런데 어디 그런 것이 아니잖은가? 그런 게 아니라면 부드럽고 애교스럽고 사랑스럽게 상대를 녹여보자. 하하하하하! 나도 그것은 잘 못하기에 같이 노력해 보자고 외쳐 보는 것이다. 말로 선포하면 실천할 힘도 더 생기기에!

행복은 내가 만들기 나름이다. 조금만 더 상대를 배려해 주어서 행복한 가정을 내가 먼저 만들어 가자. 금채는 행복을 선포하는 배짱이 두둑하기에 언제나 행복하다. 그래서 금채는 "오늘도 변함없이 행복합니다. 정말 정말 행복합니다." 라고 외치며 산다.

축구가 뜨거운 응원과 함성으로 열광의 도가니로 익어가는 것처럼 돈독한 사랑과 행복이 넘쳐나는 가정으로 오늘 저녁에도 서로 함께 만들어 가자. 이 말을 하는 금채는 이 순간에도 정말로 행복하다. 함께 할 가족이 있으니 정말 정말 행복하다. 하하하하하!

내 딸 미소와의 깜짝 데이트

미소의 발톱에 이상이 생겼다. 그 일로 인해서 생 발톱을 뽑게 되었다. 수술후 의사 선생님이 미소에게 "많이 걷지 않는 것이 좋으니 가능한 움직임을 줄이라"고 하셨다며 미소가 "학교 안가면 안 되냐"고 묻는 전화가 왔다.

그래서 "학교를 안가면 안 되지"라고 했더니 "학교 구조상 5층을 오르락 내리락 해야 해서 불편해"하며 하소연을 하고는 집으로 곧장 와 버렸다. 그리고선 출근 준비를 거의 끝낸 엄마를 보더니 "나도 엄마 사무실이나 따라 갈까?" 한다.

"그럴려면 학교 가야지? 학교는 안 가면서 엄마 사무실을 가면 어떡하니?"하는 중에 이미 미소는 아픈 다리를 끌고 금채를 따라 나선다. 딸아이의 천연덕스러움을 보면서 문득 나의 어릴 적 생각이 스친다.

나는 8남매의 막내이다. 그래서 엄마를 곧잘 졸졸 따라 다녔다. 하지만 바쁜 엄마는 나를 떼어 놓고 가실 경우도 많았다. 그러나 금채가 누구인가? 눈치 9단이지 않은가? 엄마가 혼자 살짝 가실 기미라도 보이면 금채는 먼저 버스 정류장에 가 있다가 얼른 엄마를 따라 차에 올라탔다.

그러면 엄마는 겸연쩍게 웃으며 나와의 데이트를 시작하시곤 했었다. 하하하하하!

그러니 나도 이날 미소에게 어쩌겠는가? 모처럼 대낮에 엄마를 따라나서는 딸을 못 이긴 척 데리고 사무실을 향해 가다가 진달래꽃 마을로 가서 돈까스도 먹고 햄버거도 먹고 사무실에 도착했다. 그리고는 조금 일찍 서둘러 일을 끝내고 미소와 어린이 대공원에 들러 동물 구경도 하며 사진도 찍고 둘만의 행복한 데이트를 즐겼다.

아픈 다리를 끌고…. 흐흐흐! 이렇게 미소와 나는 참 잘 어울리는 찰떡궁합이다. 함께 있으면 척척 죽이 잘도 맞는다. 그러다 보면 서로가 행복감에 젖어 끝없이 웃는다.

그러니 참! 감사하다. 나에게 이렇게 착하고 예쁜 딸이 있으니 말이다. 오늘은 돈까스와 햄버거도 미소가 엄마에게 한턱 쏜다면서 샀다. 돈까스를 먹고 나서 옷가게 앞을 지나치는데 "엄마 옷 사줄까? 하나 골라"라고 한다. 하하하하하! 자기가 오늘은 확실히 쏜단다.

이렇게 발가락이 아픈 아이랑 참 행복한 시간을 보냈다. 하하하하하! 미소는 친구 같은 젊은 엄마인 나를 참 좋아한다. 바빠서 잘 챙겨주지 못해 늘 미안한 마음이 든다. 엄마에게 서운한 것도 많을텐데 내색하지 않는 딸이다.

간혹 혼을 내어도 금새 아무렇지 않게 다가와 내 곁에 있어준다. 오히려 엄마보다 어른스럽고 든든한 내 딸이다. 그러니 더 사랑스럽다.

꿈도 야무진 내 딸 미소! 참 대견스럽다. 미소가 성공자들의 성공 스토리를 읽은 양 앞으로 나아갈 방향을 담은 자신의 꿈을 이야기 하는데 가만히 들어 보니 내가 깜짝 놀랄 만큼의 대단함을 가지고 있다. 어지간한 어른보다 훨씬 훌륭한 비전을 품고 있는 딸이다.

그렇게 야무지고 똑 소리 나는 딸을 바라보면서 더 정신 차려 열심내야 겠다고 결심한 하루였다. 멋지게 엄마를 평가해 준 미소의 기대에 어긋 나지 않게 정말 열공에 훈련에 노력을 거듭 더하리라고 다짐해 본다.

"나는 행복합니다. 정말 정말 행복합니다." 하하하하하!

미소는 시험기간책은 학교

어제 퇴근하여 집에 들어서자 마자 미소가 나를 붙잡고 웃기 시작한다. 누가 미소 아니라 할까봐 말이다. 시험기간이라서 땀을 뻘뻘 흘리며 책을 잔뜩 들고 와서 펼쳤는데 시험 범위에 해당되지 않는 책이더라면서 박장대소를 한다. 그 상황에서 혼낼수도 없이 한심한 딸을 바라보며 어이없음을 함께 웃음으로 달랬다.

학생의 본분이 공부인데 요즈음 아이들은 학교에다 책도 몽땅 두고 거의 빈 가방에 실내화만 넣고 다닌다. 우리가 학창 시절이었던 때와는 너무나 다르다. 그 시절에는 무거운 가방을 들고 365일 줄기차게 콩나물 시루같은 만원버스에 몸을 실고 힘들게 등하교를 했었다. 그리고 꾸벅꾸벅 졸면서도 열심히 공부하려고 노력했었다.

공부가 인생의 전부는 아니다. 그렇지만 학창 시절에 열심히 공부 하지 않으면 언제 할 수 있으랴? 하기야 나는 학창시절보다 지금 더 열공중이지만 말이다. 하하하하하!

미소는 공부를 싫어하지는 않는다. 자기도 어이 없는 행동에 짜증을 웃음으로 바꾸어 웃기는 했지만 그래도 천만 다행이다. 미소는 우리 부부의 장점들만 고스란히 갖고 있어서 미소의 앞날은 걱정이 없다.

친구관계를 비롯하여 다방면에서 엄마보다 낫다. 8남매의 막내로 자란 엄마보다! 하하하하하!

앞으로 좀 더 세심하고 꼼꼼한 아이로 자라가기를 기대하면서 유쾌 상쾌 통쾌한 미소 덕분에 금채는 오늘도 행복한 춤을 춘다.

"나는 행복합니다. 정말 정말 행복합니다. 여러분 모두 행복하세요 하하하하하하!" 나는 행복합니다. 정말 정말 행복합니다.

웃음&행복 디자이너 금채의 활짝 웃는 모습 ^^

샤브 샤브

채선당에서 샤브 샤브를 먹었다. 그리고 집에 있을 아이들을 생각하면서 맛있는 것을 해 먹일 생각으로 집에 도착했다. 그런데 집에 들어서자 기분이 달라졌다.

부시시한 모습으로 텔레비전을 시청중인 딸과 컴퓨터 앞에 하루 종일 앉아 있는 아들…. 오늘은 교회에도 안 갔단다. 그러니 살인미소를 쏘아대는 금채도 잠시 한숨이 나왔다. "휴!~"

"가족이 함께 열심내야지 엄마만 열심내면 무슨 소용이야"라고 간만에 큰소리를 냈더니 아들이 말 대꾸를 한다. 그래서 "어디서 감히 엄마에게 말대꾸야?"고 소리쳤더니 계속 말 대꾸를 한다.

화가 난 나는 더 큰 목청으로 훈계인지 억지인지를 외쳤다. 그리고 다시는 말 대꾸가 용납 안됨을 다짐받고 씁쓸한 마음으로 컴퓨터 앞에 앉아본다. 이런 내가 좋은 엄마일까?

생각이 있으니 말 대꾸도 할 수 있을테고, 어쩌다 교회에 안 갈수도 있을테고…. 세상사 나의 마음대로 되는 것도 아니고….

그래도 씁쓸함에 안주하지 않고 잠시 뒤 그곳을 탈피해 긍정의 마음으로 바꿀 줄 아는 내가 참 좋다.

엄마인 내가 더 좋은 본을 보이면 될 것이고 살아가다 보면 좋은 일, 궂은 일, 희비 교차가 무척이나 많은 것이 세상사 아니든가! 모든 고민 다 짊어지고 가면 너무나 버겁고 힘겨운 세상이 되고 만다.

모두 홀홀 털고 엄마인 내가 바로서서 앞만 바라보며 열심히 내가 가야 하는 길을 가다 보면 당연히 자녀 역시 바른길을 따라 오리라고 믿는다. 엄마 바닷게가 옆으로 걸으면 아기 바닷게도 엄마따라 옆으로 걷듯이….

오늘 아이들과 있었던 씁쓸한 마음을 글로 쓰다 보니 씁쓸한 마음이 눈 녹듯이 녹고 다시 긍정적이고 낙관적인 마음으로 돌아온다. 엄마가 글을 쓰는 것을 슬그머니 지켜보던 딸이 속삭인다.

"미소는 성격도 좋지!"

혼나고서도 옆에 달라붙어 내가 글쓰는 것을 잠시 지켜 보더니 "엄마! 맛있는 음식 뭔데?"라고 하기에 "너희들 행동 때문에 이미 맛난건 물 건너 갔네"라고 말하며 찰싹 달라붙은 딸을 쫓아 버렸다.

그러나 다시 마음잡고 귀엽고 예쁜 내 아이들에게 별미를 만들어 주어야 겠다. 뒤끝없는 미소의 성격에 내 마음이 슬그머니 풀려지니 참 고맙다. 아들도 화가 오래 가거나 하지는 않는다.

나 역시 아이들을 혼내는 경우는 잘 없지만 아이들에게 상처 주는 말들은 하지 말아야겠다고 다짐해 본다. 눈에 넣어도 아프지 않고, 10달 동안 고이 귀한곳에 간직하다 이 세상 빛을 보게 된 소중한 내자녀들이 아니던가?

자녀는 하나님께서 우리 부부에게 선물로 주신 귀한 선물이지 나의 소유물이 아니다. 그러므로 주님이 주신 선물에 큰소리 내어 마음이 상하게 함을 반성하며 큰소리 내는 깡패 엄마가 아닌 아이의 맘이 동하 도록 타이르는 엄마가 되도록 더 노력하고자 한다.

그리고 아이들이 올바르고 정직하게 자라도록 기도하는 엄마이기를 다짐해본다. 이렇게 행복한 웃음으로 나를 채워주는 아이들 때문에 금채는 더욱 행복하다.

"나는 사랑하는 나의 아이들 때문에 더욱 행복합니다." 하하하하하!

미소가 뿔났다!

며칠 전 퇴근길에 귀염둥이 미소에게서 전화가 걸려 왔다. 자연스럽게 응대하는 나에게 딸 아이가 엄마는 그러는거 아니라며 다짜고짜 따진다. 헐!

엄마는 그럴수가 있느냐? 동생에게 전화 받는거랑 자기에게 받는 거랑은 차원이 다르다나. 하하하하하!

사실! 금채는 아들과 하루에도 몇번씩 통화를 한다. 그렇다고 아들 딸을 차별하는 것은 아니다. 키도 나보다 한참 큰 녀석이 살갑게 굴어 남편 인양 엄마를 단속하려 드는게 싫지 않다. 하하하하하!

한편 미소는 호탕하고 좋은 성격 탓에 어느 순간부터 친구들과 어울리다보니 미소에게 필요한 사항이 생기기 전에는 엄마가 별로 필요치 않다고 생각했었을 뿐이다. 그런데 정작 본인은 그것을 차별로 생각했던 것이고…. 하하하하하!

나는 아무렇지 않게 생각했던 일인데 그 순간 미소의 말 한마디가 바늘로 콕 찌르듯 따끔하게 들려왔다. 사실 생각해 보니 아들에게 전화가 오면 평소에 이렇게 받았다.

"사랑하는 아들! 왜?"

그리고는 아들과의 통화 마무리엔 언제나 '사랑해'라는 말로 마무리
하는 것을 미소는 마음에 담아 두었었나 보다. 아이들을 차별한 것은
아닌데 정작 자신에게는 차별로 생각되었고….

금채는 아들이 더 이쁘고 딸이 좀 덜 이쁘고 그렇지는 않다. 부모 입장
이면 '열손가락 깨물어 안 아픈 손가락이 없다'는 표현이 딱 맞는
표현이다. 다만 막내이기에 좀 더 마음이 가는 것은 사실이다.

나는 유난히 자식 애착이 강한 엄마 중 하나이다. 그러다 보니 남편도
내가 아이들에게만 신경 쓰는 부분에 대해 가끔은 민감하게 반응하기도
한다. 남편도 질투를 느낀다고 해야 할까? 그처럼 미소도 남동생에
대한 엄마의 애착이 약간은 샘이 나고 있는가 보다.

엄마 역할은 참으로 중요하다. 나는 자녀를 전혀 차별하지 않는 엄마라고
생각하며 양육했다. 그런데 알게 모르게 미소의 마음에는 그렇게 여겨
지지 않았다니 반성할 일이다. 딸 아이의 마음에 조금이라도 서운한
앙금이 쌓이게 된다면 성격 형성에 문제가 될 수도 있을테니 말이다.
그래서 엄마 노릇도 쉽지는 않은가 보다.

근래에 들어와서 남편은 갱년기를 맞이하고 있다. 그래서 부부간에도 약간의 신경전이 흐르고 있다. 그렇지만 감사한 것은 이 시기만 잘 넘기면 남편은 괜찮아 질거라는 확신이 있다. 그리고 금채가 누구인가? 언제나 밝음 그 자체가 아니든가? 금채의 독특한 발랄함으로 남편의 가슴에 흐림이 머물 틈이 없게 될거니까 행복한 일이다. 하하하하하!

나는 상대방에게 맞장구 칠 줄아는 성격이다. 싸움도 상대방의 이야기를 잘 듣지 않음에서 시작된다. 나는 어릴적부터 부모님의 사랑을 듬뿍 받았다. 사랑도 받은 사람이 사랑을 베풀 수 있다는 말에 적극 동의한다.

사랑하는 미소가 자신의 고민이나 섭섭함을 언제나 직설적으로 엄마에게 터트릴 줄 아니 이 얼마나 행복한 일인가? 나의 밝은 점을 닮아가는 미소가 더없이 예쁘고 고맙기만 하다. "엄마! 그럴수 있어요?"라며 따질 줄 아는 내 딸 미소가 있어 행복하다.

요즈음에는 언제나 행복하기만 했던 나에게 남편의 갱년기 잔치 뒤치닥거리가 만만하지 않은 일상적인 숙제로 달려들고 있다. 그러나 금채는 그것을 불편해하지 않는다. 나는 오늘 아침에도 화장대 앞에서 거울을 보며 속삭인다. '나는 정말 행복한 여자야!' 라고…

아침 화장대 앞에서

아침에 머리감고 헤어드라이로 머리를 말리며 우연히 입꼬리를 올리는 내 모습을 발견했다. 의도적으로 입꼬리를 올린 것은 아니었다. 물론 처음에는 의식적으로 입꼬리를 올리는 습관을 가지려고 노력했었다. 그런데 그것이 이제는 습관이 된 것이다. 하하하하하!

그런데 오늘 아침에 거울에 담겨진 나를 바라보니 입꼬리 올림에 눈까지 함께 웃고 있었다. 이제 막 씻은 탓에 쌩얼이었지만 입과 눈이 가을 햇살에 환하게 웃고 있는 해바라기처럼 예쁘게 웃고 있는 것이다. 내 모습이지만 정말이지 사랑스러움 그 자체였다. 왜? 그런지 나는 몰라, 웃는 여잔 다이뻐!하며 혼자 노래도 흥얼 거릴만큼 내모습이 좋았다. 웃음은 그 사람의 가치를 한 차원 더 승격시키는 에너지가 되기 때문 이겠지?

입꼬리를 올리고 있으면 우리 뇌는 긍정적으로 생각한단다. 그리고는 '음~ 지금 우리 주인의 기분이 최상이군!!! 유익한 호르몬을 다량으로 내어 보내야지'라고 결정 한단다. 그래서 나는 언제나 입꼬리를 반달 처럼 살포시 들어 올린다.

그런데 어떤 일에 심취하다 보면 나도 모르게 입꼬리가 내려가 있다. 그러한 내 모습을 발견하면 얼른 입꼬리를 다시 추스른다. 하다못해 부부싸움을 할때에도 남편 몰래 입꼬리를 살포시 들어 올리는 여자가 바로 금채이다. 하하하하하!

금채가 입꼬리를 들어 올리는 데에는 그만한 이유가 있다. 상대가 화났을 때 품어내는 독을 내가 그대로 받아 들이면 결국 손해는 내가 받는 것이라는 사실을 알기 때문이다. 입꼬리를 들어 올리면 상대의 분노도 누그러지게 만든다.

그래서 그런가? 내 안에 가득찬 웃음이 입꼬리를 들어 올리게 하니 혹 어떠한 위기가 발생 되어도 크게 염려할 일로 튕겨 나가지는 않았다. 왜 금채라고 염려가 없을까? 금채도 밥 세 끼 먹어야 사는 인간인데 말이다.

그러나 금채가 이렇게 행복에 겨워 사는 까닭은 간단하다. 입꼬리를 살포시 들어 올리는데 그 비결이 숨어 있는 것이다. 그런데 금채는 입꼬리를 들어 올리며 살면 행복이 온다는 비결을 독서를 통해 배웠다.

책은 우리들에게 지식을 안겨 준다. 책 속에는 정말 다양한 길이 담겨 있으며 다양한 인생 경험이 담겨져 있다. 그리고 푯대를 확인하게 하는 나침반도 담겨져 있다.

키스하는 법을 책으로 배워 엉뚱한 사건이 벌어진 사건도 있다고 한다. 그러나 내 자신의 꿈과 목표가 설정되었다면 남의 이야기를 책을 통해 읽어보고 생각해 보는 것이 매우 중요한 자기 검증의 과정이 된다.

금채는 요즘 인생에 도움을 주는 7권의 책을 선택해 읽고 있는 중이다. 그리고 그 안에서 소중한 삶의 지식과 지혜들을 조금씩 얻고 있다. 책을 읽으면서 얻는 그 기쁨을 경험하지 못한 사람은 모른다. 그러나 금채는 확실히 체험하였기에 책을 읽자고 권한다. 책을 읽자! 내가 몰랐던 행복의 웃음이 거기에서도 발견될 수 있으니 말이다. 하하하하하!

우리 집은 헬스장

우리 집은 미니헬스장이다. 아들 녀석은 땀을 뻘뻘 흘리며 런닝 머신을
하고 나서 아령을 들어 올린다. 남편은 아들 뒤를 이어 런닝 머신을
시작한다. 집안에는 어지간한 헬스 기구가 있으니 온 가족이 돌아가며
자연스럽게 운동하는 풍경에 행복이 배가 된다. 하하하하하!

바쁜 생활로 인해서 고작 숨쉬기 운동이 전부인 사람들이 많을 것이다.
현대사회의 병폐가 그것이기도 하다. 그런데 남편은 나이가 나보다 많은
데다가 평소에 술을 좋아 하기에 근래에 들어와서는 운동의 중요성을
느끼고 자기 관리에 만전을 기하는 편이라 안심이 된다.

틈만 나면 헬스 기구 위에 올라서서 운동하는 남편! 그리고 가끔이지만
조잘거리는 아내의 이야기를 라디오 삼아 함께 등산을 떠나는 남편!
물론 저만치 앞서 가는 때도 많아서 야속한 경우도 없지 않았지만 금채를
끔찍하게도 찾고 사랑하는 남편이 건강하게 살아주니 감사하고 행복한
일이지 않을 수 없다.

아들은 여름이 오기 전에 배에 왕자(王字)를 만들어야 한다면서 틈만
나면 땀을 흘리며 열심히 운동한다. 그리고 먹는 것도 자제 하며 자기를
가꾸는 아들 녀석의 모습이 많이 기특하며 사랑스럽다.

그리고 아들이 고등학교에 진학하더니 공부에 흥미가 붙었다.

학교에서 돌아오면 운동하여 땀을 흘리고 욕실로 가서 말끔히 씻고 열심히 공부에 몰입하니 말이다. 부모가 잔소리를 하지 않도록 잘 처신하는 아들 녀석이 정말로 예쁘고 사랑스럽다.

그렇게 멋지고 듬직한 아들에게 금채는 일주일에 한번씩 피부관리를 해 준다. 그리고 아들에게 속삭인다. "사랑하는 아들! 너는 무엇이든 잘 할 수 있어!"

사실 내가 아들에게도 피부 관리를 핑계대고 아들의 얼굴을 만지는 데에는 이유가 있다. 용기와 자신감을 키워주는 시간이 필요하기 때문이다. 아들 녀석도 그런 엄마가 좋은가 보다. 틈만 나면 엄마에게 자기 얼굴을 들여 밀면서 피부 관리 좀 받겠다고 어리광을 부린다. 그러면 그 모습이 사랑스러워 피곤할 때에도 아들의 얼굴 마사지에 전념하는 내가 행복하다. 하하하하하!

딸은 친구네 집에서 별미로 배를 잔뜩 채우고 집에 돌아왔다. 그러면서 본인은 내일부터 운동하겠다며 먹은 음식 소화도 안 시키고 그냥 누워 잠을 청한다. 하루가 고단했었나 보다.

한다면 하고야 마는 딸이니 운동할 내일을 기대하며 딸이 단잠에 푹 빠져들기를 기도한다. 그리고는 아들 녀석이 공부하는 것을 옆에서 지켜 준다는 핑계로 함께 자자는 남편도 따돌리고 지금 나는 이렇게 내 마음의 글을 쓰고 있다. 하하하하하!

비와 더불어 행복한 날

아침에는 살짝 인상이 찌그러졌는데 자정이 다가온 시간에는 활짝 밝은 얼굴일 수 있어 감사하고 행복하다. 오늘 하루도 입꼬리를 올리며 마감할 수 있으니 말이다. 금채는 거의 날마다 일기를 쓴다. 그런데 금채의 일기는 제목부터가 다르다. 이른바 '금채의 행복일기'이기 때문이다.

행복일기를 쓰다 보면 자동으로 행복이 몰려옴을 느낀다. 그래서 나는 오늘도 변함없이 행복하다. 비가 와도 내 마음에는 행복이 춤춘다. 빗소리가 창문을 때린다. 그런데 그 소리를 들으며 일기를 쓰는 이 순간은 더 행복해 지는 걸?

금채의 손 끝에서 톡톡 터져 나오는 행복일기는 빗소리에 리듬을 담아 내는 금채의 엔도르핀 저장소이다. 마치 봉숭아 꽃 씨방이 톡 터지듯 터져 나오는 금채의 행복이야기가 남들에게도 희망이 되나 보다. 국제 웰빙전문가협회장이신 김용진박사께서 금채의 일기는 보통 일기가 아닌 가치 있는 국보급 일기(?)라고 칭찬하시니 말이다. 그래서 오늘도 금채는 더 행복하다. 하하하하하!

퇴근 길에!

퇴근길에 미소에게서 전화가 걸려 왔다.

"엄마 쿠키 재료 좀 사오세요!"

딸 아이의 분부(?)를 받들어 마트에 들러 장을 보고 집에 돌아왔다. 쿠키 재료를 사 오라고 한 것은 자신을 위해서가 아니라 생일을 맞은 친구를 위해서였다. 친구 생일을 축하하기 위해서 바쁜 틈을 활용할 줄 아는 기특한 내 딸!미소가 또 엄마를 행복하게 만든다.

책상에 앉아서 공부하던 아들이 갑자기 갈비를 주문했다. 고기가 먹고 싶었나 보다. 금채는 아들이 먹을 갈비를 굽고 금채의 손맛 1번지인 민들레 김치를 만드는 동안 딸 미소는 아주 능숙하고 숙달된 조교처럼 쿠키재료로 반죽을 하고는 곰돌이 모양을 찍더니 오븐에서 완성된 쿠키를 내 입에 맛을 보라며 쏙 넣어 준다. 하하하하!

요즈음은 돈만 주면 뭐든 원하는 선물을 살 수 있는 세상이다. 그렇기에 특별한 선물이 아니고서는 사랑과 정성이 담긴 선물이 귀한 세상이다. 친구를 생각하며 쿠키를 만드는 딸 아이의 모습을 바라보니 금채네 집안에는 온통 행복으로 가득하다. 하하하하하!

마음 따뜻한 내 딸에게서 사랑과 행복을 느끼는 주말 저녁이 그렇게 금채의 가슴을 통과하고 있다. 나는 민들레 김치를 만들어 그릇에 예쁘게 담아내고 민들레를 버무리고 남은 양념에 새로 지어 구수한 냄새가 나는 밥을 넣고선 남편과 맛있게 비벼 먹었다. 이것을 꿀맛에 비교할 수 있을까? 하하하하하!

여기서 잠깐! 금채는 민들레 마니아이다. 민들레 예찬을 해 볼까? 요즈음 민들레 나물이 인기 급상승 봄나물 1위이다. 식물이 살기 힘든 땅에서도 꽃을 피우는 강인한 생명력을 지닌 민들레! 민들레는 꽃잎 잎 줄기 심지어 뿌리까지 버릴 것이 없다. 민들레 잎은 유해산소를 제거해 노화와 성인병을 막아주고, 뿌리는 간장에 지방이 쌓이지 않도록 막아주고 담즙 분비를 촉진시킨다.
민들레 줄기를 꺾으면 흰색의 액체가 흘러 나오는데 이것은 항균 항염 항바이러스 항암효과 등 탁월한 면역 효과가 있다. 민들레는 독성이 없으며 체질에 관계없이 남녀노소 누구나 먹을 수 있다. 그래서 금채는 주변 사람들에게 민들레를 추천한다.

민들레 한 줌으로 맛있고 행복한 만찬을 할 수 있는 비결에는 금채의 행복한 웃음이 밑거름이 되었다고 말하고 싶다. 그리고 민들레도 행복의 재료가 될 수 있으니 말이다. 하하하하하!

아들 졸업식

사랑하는 아들 중학교 졸업식이 있어 남편과 함께 졸업식에 다녀왔다. 졸업식장에 도착해 아들을 찾으려니 그놈이 그놈같아 찾을수 없었다. 도저히 아들을 못 찾아 문자를 했더니 목도리를 보고 찾으란다. 하하 하하하!

바로 내 앞쪽에 있는데도 못 찾았다. 듬직하게 자라 벌써 중학교를 졸업하는 아들을 바라보노라니 뿌듯하고 대견스럽다. 건강하게 중학교를 마치는 아들의 뒷모습을 바라보면서 눈시울이 붉어져 자꾸 눈물이 나오려고 한다. 그것을 애써 참느라 혼이 났다. 폼생폼사는 어쩔수 없나 보다. 메이컵이 지워지면 곤란! 하하하하하!

졸업식을 끝내고 교실로 장소를 옮기자 담임 선생님이 마지막 헤어짐을 1년 동안 해보지 못한 포옹으로 대신 하신다며 앨범 전달과 함께 한명 한명 아이들을 안아 주셨다. 푹 안긴 아이, 어설프게 마지 못해서 안긴 아이 등 다양한 모습들이었다.

그런데 한아이가 앨범만 얼른 받고 포옹을 거부했다. 한바탕 웃음으로 온 교실을 들썩이게 했지만 바라보는 나로선 참 안타까웠다.

수시로 포옹을 하면 행복감을 느끼며 살아가는 희망이 더 생기게 될 것이고 더 열정적인 인생을 살 수 있을텐데 말이다. 그런데 그러한 아이가 두명이나 보여서 안타까웠다.

행여 내 아들은 어떨까 내심 걱정했는데 선생님께 씨익~웃으며 푸욱 안겼다. 그 광경을 보며 내 아이들을 더 사랑해야 되겠다는 생각을 많이 했다.

요즈음 금채는 「내 안에 블루오션을 찾아라」 는 책을 보는중이다. 그런데 그 책을 읽다가 깜짝 깜짝 놀란다. 내안에 큰 나와 작은 나가 자리하고 사는데, 작은 나를 품고 사는 자는 매사에 부정적으로 된다는 것이다. 반면 큰 나를 품고 살면 긍정적이 되므로 행복을 찾게 된다는 내용이다.

포옹을 거부했다고 전부를 단정하기는 그렇지만 그 아이들 안에도 자신감이 넘쳐나기를 기도해 본다. 평소에 스킨십을 자주 할수록 스스럼 없이 스킨십을 할 수 있었을텐데 말이다. 자신감으로 살아가는 내 아들을 보면서 금채는 또 행복한 여자의 대열에 끼여 있음을 확인하였으니 또 행복한 일기를 남긴다. 하하하하하!

키 큰 남자

나는 키가 커다란 남자와는 인연이 없는가 보다. 결혼 전에 '나보다 키가 큰 남자만 나타나면 결혼한다' 며 만난 사람이 지금의 남편이다. 그런데 남편은 나보다 살짝 크다. 두 뼘 정도만 더 커도 좋았을텐데…. 하하하하하!

어린 시절 금채의 키는 큰 편에 속했었다. 그러나 요즈음은 여자도 170cm가 기본이라고 하니 이제는 키에 관해서는 명함도 못 내어밀지만 말이다. 하하하하하!

내가 키 이야기를 하는 것은 아들 녀석 때문이다. 키 큰 남자는 이미 오래전에 포기한 상태인데, 글쎄 아들 녀석이 182cm까지 훌쩍 자랐지 뭔가? 그런데 그렇게나 큼직한 녀석이 내 무릎에 잘도 앉는 편이다. 하하하하하!

어제 퇴근후에도 그랬다. 그래서 "어디 아기때처럼 아들을 안아보자" 며 아들을 옆으로 안으려니 훌쩍 커버린 아들이 감당이 안 되었다. 아들은 이미 금채가 감당하기에는 무게감이 나가는 커다란 녀석이 되어 있었다. 하하하하하!

엄마의 장난에 아들도 "엄마! 그럼 제 등에 업혀요!" 한다. 하하하하하! "아들이 엄마를 업을수 있어?" 하며 아들의 등에 업혔더니 엄마를 훌쩍 업고 이방 저방으로 돌아다닌다. 어린 녀석이 벌써 엄마보다 훌쩍 커서 엄마를 업고서는 '울 엄마 가볍네!' 한다. 하하하하하!

정말 대견스럽고 행복했다. 아들의 듬직한 등판에 얼굴을 살짝 대어 보았다. 가슴이 뿌듯하여 왔다. 키 큰 남자에게는 인연이 없는 나였지만 내가 만든 작품이 키가 제법 큰 남자이니 이 얼마나 행복하고 뿌듯한 일인가? 하하하하하!

나는 참 행복하다. 내 아들은 지금 고 1이다. 중학교 때 사춘기로 인해 생각하지도 않았던 말썽들을 피워 가끔 곤혹스럽게 하더니 이젠 그러한 일들을 추억으로 회상하며 공부에 제법 흥미를 붙이고 있다. 아들이 목표를 세우고 스스로 공부하는 모습을 자주 볼 수 있으니 기도한 보람을 느낀다.

사랑하는 내 아들! 자타가 공인하는 연예인 뺨치는 훤칠한 인물에 마음까지 따뜻하니 엄마는 행복할 수 밖에 없단다. 문자로 장난을 종종 걸어 오는 아들! 때로는 친구처럼 엄마를 대하며 엄마를 많이 좋아하는 귀엽고도 듬직한 녀석! 밥 안 먹어도 배부른 아들과 딸이 있으니 금채는 행복하고 또 행복한 여자가 맞다. 하하하하하!

개소리?

금채는 동물 애호가이다. 귀엽고 똘똘한 동물들을 무척 좋아한다. 한창 우리아이들이 재롱을 피울 나이에 그 아이들이 눈에 띄지 않으면 눈에 가시가 배길 정도로 아이들에 대한 사랑과애착이 컸다. 그래서 나는 아이와 동물을 아주 많이 사랑한다. 하하하하하!

그런데 이젠!아이들이 제법 성장한지라 엄마손이 좀 덜타도 되는 나이가 되어~~~ 우리 아이들에겐 미안하지만 밖에 나가 있노라면 아이들 보다도 우리집 강아지 뽀송이가 문득 문득 그리워진다. 이것이 비정상 적인 생각일까? 하하하하하!

금채의 돌출행동은 그것만이 아니다. 내 글을 엿보는 분들은 혹시라도 금채를 비웃으실지 모르겠지만 아이들이 아직 고등학생들이다. 그런데 벌써부터 금채는 손주가 기대된다. 하하하하하!

내자식도 그렇게도 끔찍이 예뻐하며 키웠는데 손주들은 너무나도 더욱 사랑스럽고 예쁠것만 같다. 그런데 잉!!!! 우리 뽀송이가 오늘 주제 인데 아주 먼~ 손주 이야기로 흘러 나가고 말았다. 그래도 손주를 기대 할 수 있으니 행복하다. 하하하하하!

다른 집도 그렇겠지? 재롱도 잘 피우는 뽀송이는 우리 식구들에게 가는 시간이 따로 있다.

1번) 새벽 6시 30분 즈음이면 일어나서 영락없이 아빠 가슴위로 올라가 살랑살랑 꼬리치며 아침 인사를 한다.(일어나세요.하는듯)

2번) 낮 시간대에는 우리 아들 차지가 된다.(집에 아들밖에 없기에)

3번) 금채에게는 초저녁 잠자리에 들기 직전에 다가 와서 놀다 간다.

그런데 요사이는 아이들이 방학이라 늦게 잠들기에 잠잘 시간이 되면 나를 졸졸졸 따라 다닌다. 그럴때에는 정말 젖먹이 아기 같이 여겨진다. 내가 씻으려고 욕실로 가면 욕실 앞에서 나를 우두커니 기다리고 있다. 내가 자려고 누우면 뽀송이도 이불속으로 쏘옥 들어와 내 팔을 베고 엎드린다.

정말로 귀여운 녀석이다. 뽀송이가 하는 짓이 얼마나 사랑스러운지 이건 말 못하는 서너살짜리 아이 수준이다. 하하하하하!

강아지를 싫어 하시는 분들은 '뭔! 개소리여!' 하실테지만 강아지를 키워보면 정말 사람과 별 차이가 없음을 느낄것이다. 강아지는 온 몸으로 말을 걸어온다. 하하하하하!

방학이 끝나면 이 녀석은 딸 미소에게 가서 잘 것이다. 요사이는 미소가 늦게 자서 나랑 잠들지만 말이다. 그래도 초저녁부터는 언제나 내 곁에 찰싹 달라붙어 있다. 그러다가 깊은 밤이 되면 미소방으로 쪼르륵 달려가서 미소 곁을 지킨다. 자기가 미소의 수호천사라고 여기는가 보다. 하하하하하!

뽀송이는 식구들을 나름대로 순번을 정해, 미소가 캠프라도 가면 금채 곁에서 잔다. 그래서 우리 집에서는 미소, 금채, 아빠 그리고 아들 순서로 순번이 정해져 있다.

짜식! 내가 1순위여야쥐···. 하하하하하! 기저귀 바꿔 주지! 밥 주지! 물주지! 내가 1순위가 아니라 2순위이라니 약간 섭섭하지만 그래도 귀엽고 사랑스럽다. 하하하하하!

아들은 매번 이뻐한다는게 오히려 뽀송이를 괴롭히기 일쑤였는데 요즘에는 밥 그릇과 물을 청결하게 지극정성으로 갈아준다. 뽀송이는 아들이 배려하는 마음을 알까? 아들 곁에는 식구들이 아무도 없을 때에만 찰싹 붙어 있단다. 참! 강아지도 그래서 요물이다. 어쩌면 집식구를 제 마음대로 감히 순번을 정해두는지···.

비록 내가 지금 개소리(?)를 하고 있긴 하지만···.

반려동물들은 정서적으로 사람들에게 다양한 기쁨을 수시로 안겨 주는 인생 반려자임에 틀림없다. 애완견 키우는 것에 불신을 갖는 분들은 굳이 그렇게 불신감을 가질 필요가 없다고 생각해 본다.

말을 못해서 그렇지 강아지도 의리가 있고 사랑을 할 줄 안다. 사람의 말도 곧잘 알아 듣는다. 그리고 자다가 간혹 사람처럼 꿈도 꾼다고 한다. 그래서 그렇게 귀엽고 예쁜 녀석들을 학대하는 사람들을 언론을 통해 보면 가슴이 저미어 온다.

가족이 외출했다가 집에 돌아오면 제일 먼저 반기는 녀석이 강아지이다. 멀리서부터 발자국 소리를 듣고도 반가워 한다. 사람들보다 더 반겨주는 녀석이 강아지이다. 가족들은 인사 한마디로 끝이지만 강아지는 안아 줄 때까지 졸졸 따라 다닌다. 변함없는 애정공세의 왕이다. 금채는 그래서 애완견을 장려한다.

오늘은 이렇게 개소리(?)로 끝낸다. 이렇게 금채는 강아지 때문에도 행복하고 또 행복하다. '뽀송아 사랑해!' 하하하하하!

마음 따스한 내 아들

여성들이 즐겨 사용하는 것이 스타킹이다. 그런데 스타킹 중에는 처음부터 구멍난 불량품이 간혹 있다. 오늘 아침에 교회에 가려고 스타킹을 신다 보니 새 스타킹에 구멍이 나 있는게 아닌가?

구멍난 스타킹을 신는 엄마를 아들이 지켜보더니 그냥 버리란다. 제 눈에 불쌍한 엄마로 보인다는 거다. 하하하하하!

난 먼저 교회로 출발했는데 조금 늦게 교회 도착한 아들 녀석이 '엄마가 구멍난 스타킹 신는 것이 불쌍해 보여서 스타킹을 사 드릴려고 교회 오면서 스타킹 파는 가게를 찾았지만 문이 열려지지 않아 그냥 왔다'는 것이다. 엄마를 배려할 줄 아는 기특한 녀석이다. 그런 아들이 금채에게 있으니 정말로 기쁘다.

워낙 아이들을 천성적으로 좋아하는 금채! 물고 빨고 사랑으로 지극 정성으로 잘 길렀다고 생각한다. 그런데 아들이 사춘기가 되더니 갑자기 돌변해 버렸다. 이상하게도 서먹 서먹해지니 남의 자식 데려다 기른것 같은 기분이 들었다. 그러나 그것도 잠시! 사춘기가 지나 갔는지 옛날의 따스한 내 아들로 다시 돌아와 흐뭇하다. 요즘에는 엄마를 기쁘게 하는 멋진 아들이다.

근래에 금채가 즐겁게 읽고 있는 「내 안에 블루오션을 찾아라」란 책이 있다. 그런데 아들이 예배 중 그 책을 가져다 꺼내어 보는거다. 책갈피 격으로 볼펜 넣어둔 표시를 아들은 아는데 옆에 앉은 딸이 볼펜이 필요 했는지 쓰윽 아무 생각없이 볼펜을 빼어 버리니 누나 한번 쓱~올려다 보며 내가 읽고 있는 자리를 확인시킨 후 그곳에 표시를 해 두는거다.

비록 이 부분들이 사소할 수도 있겠지만 엄마에 대한 배려와 사랑을 느낄수 있어 흐뭇했다. 어리게만 보였던 아들이 언제 그렇게 컸는지….

아이들을 키우는 부모들의 상당수는 아이가 공부 잘 하면 최고라고 생각 할 것이다. 공부! 생각처럼 잘해 주면 좋은거야 당연하다. 그런데 나는 생각이 조금 다르다. 인성교육이 잘 된 아이로 자라게 하는 것이 최고 라고 생각한다.

우리부부는 남에게 싫은 소리는 눈곱만큼도 안 듣고 살아왔다. 아니 그렇게 살려고 발버둥을 쳤다는 말이 더 잘 어울리겠다. 그만큼 완벽에 가까운 우리 부부에게 딸은 별 문제가 아닌듯 잘 넘어갔다. 그렇지만 아들은 우리부부를 살짝 놀라게 하는 일들도 잠시 만든 녀석이다.

그러나 다시 평화를 찾아 따스한 마음으로 자라가는 아들을 지켜보는 요즈음 금채의 기분은 참 괜찮다. 부모는 자식의 거울이라고 한다.

부모의 언행 하나 하나가 모조리 자식들에게 투영된다. 그래서 우리 부부는 자식들에게 모범이 되려고 무척이나 애쓴다.

평범함을 누리는 것은 언뜻 쉬운듯 보이지만 곰곰이 생각해 보면 가장 어려운 일이다. 아이를 낳고 싶다고 아이가 마음대로 낳아지는 것도 아니다. 단란하게 사는 것도 쉬운듯 하지만 삶의 과정에서 불청객으로 다가서는 우여곡절들을 그때마다 참아내야 하는 인내가 필요하다. 모든 부모가 자식들을 예의 바른 아이로 잘 기른다고 생각하고 키우겠지만 간혹 부모 생각이랑 상관없이 삐뚤어진 아이로 성장하기도 한다.

이처럼 세상 사는 것이 거저 되는 것은 아닌듯하다. 하지만 마음에 참 평안과 행복과 사랑이 가득하다면 어려운 상황들이 닥쳐올 때 조금은 슬기롭게 대처할 수 있지 않을까 생각한다.

오늘도 금채는 행복함에 겨워 웃는다. 입꼬리를 살포시 위로 올리며 …. 하하하하하!

사춘기 아들을 모시고 섬기다

아들은 나에게 전화나 문자를 자주한다. 얼마전에도 퇴근하면서 딸기를 사 갔는데 아들은 누나랑 딸기를 씻어 오는 문제로 서로 다투었다. 그러다 결국은 삐져 딸기도 안 먹었다. 하하하하하!

아이들간에 서로 옥신각신하는 모습을 계속 바라만 볼 수 없어 아들에게 뭐라고 했다. 그랬더니 왜! 자기에게만 뭐라고 하냐며 말대꾸를 하는게 아닌가?

그래서 나는 "어디서 엄마에게 말대꾸야!!!" 하며 혼을 내었다. 결론은 엄마인 내가 씻어다 주어야 할 일을 힘들고 바쁘다는 핑계로 아이들에게 언쟁을 일으키게 한 결과가 아니었는가? 그래서 내 책임도 있다고 생각하고 그 일은 그렇게 넘어갔다.

하지만 그 일로 인해 아들이랑 나랑은 서로 보이지 않는 서운함이 남아 있어 이전처럼 하던 전화며 문자를 뚝 끊어 버리고 하질 않는다. 그 일로 아들 마음이 많이 상했나 보다. 하하하하하!

지난 주일에는 교회 가서 헌금 하라고 돈을 줬더니 누나나 주라며 헌금을 받지 않았다. 예배중이라 뭐라 할 수가 없어 어쩔수 없이 또 그냥 넘어갔다.

그리고는 아들은 예배가 끝나자마자 혼자 휙하니 가버렸다. 미소가 수제비를 먹고 싶다고 하여 미소랑 마트에 들러 수제비 할 재료를 사들고 집에 돌아갔다. 그리고는 아들을 혼낼 생각으로 이야기를 꺼냈다. 그랬더니 교회 가던 길에서도 누나랑 엄마랑 둘이서 자기를 무시하며 즐겁게 이야기를 나누며 갔다며 나보다 한참 큰 녀석이 눈물을 뚝뚝 흘리는게 아닌가?

평상시 버릇없는 아이가 아니기에 나는 거기서 혼내기를 멈추었다. 아이에게 소외된듯한 외로움을 느끼게 한 엄마로서의 책임이 있기 때문에 ….

그날 밤 수제비를 맛있게 끓여 아이들에게 먹이고 나는 너무 피곤하고 졸려 일찍 잠자리에 들어 버렸다. 조금 자고 일어나보니 컴퓨터하던 아들도 이불을 뒤집어쓰고 자고 있었다. 그런데 잠들어 자는 아들의 모습이 엄마인 내 눈에 안쓰러워 보였다.

평소에 바쁘다고 잘 챙겨주지도 못한 것에 대한 미안함이 앞서서 마음이 무척 아팠다. 곤히 자는 아들에게 달려갔다. 그리고는 "그만 자고 밥 먹고 자자. 배고프지 않니?" 라고 했더니 그냥 잔단다.

조금 뒤에 아들이 일어나기에 금방 만든 반찬 몇가지 챙겨 밥을 먹게 하고 아들에게 엄마의 사랑을 다시 각인시켜 주기 위해 대화를 시작했다. 아들은 엄마의 관심과 사랑이 그리웠던 것이다.

그리고는 딸에게도 가서 언제나 늦고 바쁜 엄마인지라 유치한 질문으로 대화를 유도해 보았다. "엄마가 온종일 집에 있으니 1) 좋다. 2)있으나 마나다. 3) 없는게 낫다. 답은?" 말도 안되는 질문을 하니 미소는 장난스럽게 1번을 손가락으로 표현했다. 다 성장한 것 같아도 키만 나보다 한참 크지 생각은 아직 아이들이다. 내가 너무 어른 취급하며 방심했나 싶어 반성도 되며 쓸쓸했다.

이렇게 아들에게 관심을 갖고 대하다보니 어느 정도 마음이 누그러졌는지 어제는 나의 질문에 평상시의 살인 미소로 답해 주는게 아닌가? 하하하하하! 사춘기를 겪는 아이라 위해서 많이 기도하며 사랑을 주는 수 밖에 없는 것 같다.

사춘기 시절에는 본인의 생각이나 의지와 상관없는 호르몬분비로 인해 이상행동도 돌발할 수 있다. 그러니 엄마 노릇 하기가 쉬운 것은 아니다. 하지만 내가 책임져서 양육해야 할 부분이기에 오늘도 남편 위해 자녀 위해 그리고 나를 아는 모두를 위해 나는 하나님께 기도 드린다.

이쁜 아이들을 잘 양육하는 어머니가 되게 해 달라고 말이다. 행복한 가정을 만들도록 지혜를 달라고 말이다.

나의 빽은 하나님이다. 든든한 하나님 때문에 나는 행복하고 힘이 솟는다. 그래서 나는 더욱 행복을 느낀다. 금채는 이렇게 행복의 소용돌이에 휩싸여 오늘도 행복으로 마감한다. 하하하하하!

금채의 분신들이야기

성격 좋은 내 딸 미소

나는 매사 정확한 것을 좋아한다. 그래서 약속을 칼처럼 잘 지키는 것을 좋아한다. 나름 완벽한 성격에 가깝다고 해도 맞을것이다. 이렇게 금채가 오늘은 성격 이야기로 서두를 장식하는 이유인즉!

요즈음 금채의 정신이 어디에 팔려 있는지? 약속의 중요성을 누구보다도 강조하는 금채가 미소를 깨우지 않아 미소가 방학동안 여러번 낭패를 보곤 하였다. 하하하하하!

어제도 아이를 깨워야 할 시간을 까마득히 잊어버리고 잠자고 있는데 곤히 잠에 취해 있던 나를 깨우며 미소가 화를 낸다.

"도대체 왜? 자꾸 그래!"

미소는 화가 잔뜩 나서 나에게 퉁퉁 거렸다. 아이들과 친구처럼 지내는 엄마이지만 버릇없는 행동은 평소 내가 용납하지 않지만 이번에는 화가 잔뜩 나 있는 딸에게 군기 잡을 상황은 아니었다. 하하하하하!

"도대체 이게 몇번째냐고?…"

미소는 나에게 소리를 내고는 서둘러 채비를 차리고 밖으로 뛰어 나갔다. 아침도 못 먹고 나가는 미소를 보며 정말 미안했다. 미소는 엄마의 표정이 미안하단 말도 안하냐는 표정인데 정말 그 상황에서는 미안하다는 말도 못하겠다.

미소가 집에서 나간 뒤 얼마 지나서 문자가 왔다.

미소; "엄마! 시간 있음 내 찢어진 바지나 세탁소에 맡겨주시지!"
나; "그렇게는 못하것는디?"
미소; "그럼 하나 사주던지 ㅋ"
나; "이미 찾아다 놓았는디?"

이렇게 딸과 함께 농담이 오고 가다 보니 마음이 많이 풀렸다.

미소; "엄마! 엄마가 나를 깨우는 것만 잘함 참!좋을텐디…"
나; "정말 미안해. 엄마가 요즘 신경 쓰는 일이 있어 아무 생각이 없다. 이쁜 너가 이해좀 해줘라...♥♡♥"
미소; "그럼 맛 있는거 사오삼!"
나; "뭐가 먹고 싶은데?"
미소; "막상 딱히 먹고 싶은게 없넹"

시간이 흐르고 한참 후 또 문자가 날아 온다.

미소; "그럼 탄산음료 사오삼. 몸이 원해 ㅋ"
나; "다른걸루…. 내 딸 몸에 좋지 않는 것은 사갈수 없음"
또 시간이 흐르고 한참 뒤에 문자가 날아 든다.
미소; "그럼 호두과자 사오삼"

특별히 사춘기 없이 잘 자란 성격 좋은 미소가 고맙고 사랑스럽다.
이렇게 행복이라고 생각한다. 행복은 멀리서 찾을 필요가 없다는 생각이
든다. 그래서 오늘 아침에는 정신을 바짝 차려 5분전에 미소를 깨웠다.
하하하하하!

게다가 오늘 그동안 읽던 책을 마무리 했는데 책 내용이 정말 감동의
물결이었다. 글 마무리 부분이 딱! 내 마음에 와 닿았다. 여기에서 막혔던
체증이 확~내려 간다는 표현이 맞을라나? 내가 신경쓰고 고민하던
부분이 한방에 해결되는 해결책을 찾아 기쁘다.

나는 참 기쁘고 감사하고 행복한 일이 많다. 길이 없고 답이 없다는
생각이 들때면 우연찮게 눈에 띄는 책에 의해 해답을 찾을 때가 종종
있다. 그 기분은 느껴본 자만이 알 것이다. 그런 마음을 나에게 주신
주님 땡큐! 하하하하하!

이런 금채!!! 어찌 아니 행복하지 않을수 있겠는가??? 하하하하
문제 해결 감사합니다. 주님!!! 땡큐... 하하하하하

엄마소도 얼룩소

내딸 미소랑 나는 많이 닮았다. 사람들은 종종 혼동한다. 내가 미소 엄마가 아니라 미소 이모, 심지어는 미소 언니로도 착각하니 말이다. 하하하하하!

나의 키는 165cm, 내 딸 미소의 키도 나와 비슷한 164cm이다. 미소가 어릴 때에는 금채와 함께 같은옷으로 종종 맞춰 입고 다니곤 했다. 그리고 헤어 스타일도 같이 하곤 했다. 내가 긴생머리를 하면 미소도 긴 생머리를 해 주고, 내가 긴 파머를 하면 미소도 파머를 하고 다녔으니 혼동할 수도 있겠다.

그렇게 우리 모녀가 길을 가다가 혹시라도 아시는 분을 만나면 너무나 닮은 꼴이라고 말한다. 그러면 미소가 기분 나쁘단다 못생긴 엄마 닮았다고.. 하하하하하!

오늘 아침 출근을 하기 위해 샤워를 마쳤다. 그리고 갈아 입을 옷을 잘못 건드려 물에 젖어 입을수가 없게 되었다. 그래서 아들이 집에 있는 관계로 맨몸으로 거실에 나올수 없기에 미소의 원피스를 입고 나왔다.

그런 모습을 보고 아들이 깜짝 놀랐다. 분명 누나는 아침에 학교에 갔는데 아들 눈에는 엄마가 미소로 보였던 것이다. 하하하하하!

아들이 사춘기이다 보니 매일 누나랑 싸우기 바빠서 서로 잘 지내는 듯 하다가도 싸우기 일쑤이다 보니 누나가 미운가보다. 그래서 누나가 학교에 가서 안 보이니 속이 시원한데 갑자기 누나가 나타났으니 깜짝 놀랄 수 밖에…. 하하하하하!

아들은 출근 준비하느라 왔다 갔다 하다 멈춰선 나의 뒷모습을 보더니 또 놀란다. 그러면서 이렇게 말하는거다.

"엄마! 제발 그 옷 좀 벗어~ 자꾸 누나 같잖아" 하하하하하

한번은 남편이 퇴근했는데 나는 무엇인가 열심히 하느라 남편에게 아는 체를 할 수 없는 상황이었다. 그래서 나는 하던 일을 계속하고 있는데 나의 뒷모습을 본 남편은 나에게 "미소야! 엄마 어디 갔냐?"라고 묻는 것이 아닌가? 하하하하하!

참! 재미있는 우리 집 풍경이지요? 워낙 타고난 명랑하고 쾌활한 성격에 웃음&유머 강사이다 보니 다른 집에 비해 많이 웃고 재미있는 집인것 같아 금채는 더욱 행복하다. 아들 딸 지금은 서로 못잡아 먹어 으르렁 거리지만 세월이 지나 철들면 가족 밖에 없는것을 잘 알 것이다.

아들이 장난삼아 자꾸 '싫어!'라는 말을 곧잘 한다. 그래서 아침에 아들을 붙잡고 살짝 연설해 주었다. 끊임없이 바로 잡아주다 보면 뇌리에 쌓여 엄마처럼 긍정적 사고관을 가질 것이라고 믿는다. 그리고 내 아들과 딸이 건강하고 행복하게 살아 갈 것임을 생각하니 행복한 미소가 금채의 가슴을 뜨겁게 달군다.

"금채! 그대는 정말 행복한 엄마이다."
"금채! 그대는 정말 행복한 아내이다."

가슴에 품은 도시락

귀염둥이 미소에게서 문자가 왔다.

'엄마! 5시까지 오세요. 맛있는 도시락 사갈게요.'

요즈음 고등학교 급식이 형편없나 보다. 아이들이 하나같이 급식을 먹지 않고 따로 사먹는 실정이란다. 나도 처음에는 그냥 영양사가 해주시는 대로 먹으라고 했다. 물론 딸아이가 사 먹는 것을 반대했다. 맛이 있건 없건 규칙을 따르는 것도 괜찮은 추억이 될거라고 다독거리며 말이다.

그런데 미소는 도저히 안되겠단다. 그래서 외부 도시락을 시켜 먹는데 그 맛이 일품이라며 꼭 엄마에게 맛보이고 싶은 도시락이 있다는 것이다. 미소가 그 도시락을 먹는 순간 우리 엄마에게 꼭 맛보이고 싶었다는 그 표현에 어찌나 간절함이 묻어 있던지 미소의 그런 해맑은 모습이 너무나도 사랑스러워 안 먹어도 배가 불렀다.

드디어 오늘 학교 수업이 끝나고 일부러 버스를 타고 따스한 도시락을 엄마 드시게 하려고 갖고 왔으니 얼른 집에 오시라고 성화이다. 하하 하하하!

이래 저래 볼일을 보다보니 시간이 지체되고 말았다. 미리 마중나와 길에서 기다리던 딸에게 미안하다는 표시로 아이스크림을 사주며 집으로 함께 오던 길….

엄마가 시간 맞춰 오실줄 알고 행여라도 도시락이 식을까 싶어 가슴에 품고 있었다는 것이다. 감격이다. 행복이다. 기쁨이다. 먹어서 맛을 보기보다 이쁜 딸의 이쁜 마음에 먹어보지 않아도 맛이 느껴 지는듯 했다. 입장이 바뀌어 누가 엄마인지 헷갈리는 순간이였다. 하하하하하!

예전에 우리 엄마가 금채 없이 혼자 맛있는걸 드셨다면 나에게도 사주시 거나 아니면 '엄마가 어제 어떤 것을 먹었더니 맛있더라. 우리 금채도 학교 다녀오는 길에 사먹으렴!' 하며 용돈을 주셨었다. 딸의 행동으로 인해 금채 엄마와의 따스했던 옛 추억이 주마등처럼 스쳐 지나갔다.

참! 감사하다. 타인에게 사랑 받는 것도 모자라 내 딸까지 엄마를 챙겨 주니 이 얼마나 행복한가? 사랑스럽고 예쁜 딸! 정말 고마운 딸이다. 하늘만큼, 땅만큼, 바다만큼, 우주보다도 더~크게 사랑해!

나는 8남매의 막내로 자랐기 때문에 조금은 이기적이라고 할 수 있다. 여태까지 나의 의사와는 상관없이 받아만 오던 삶이었기 때문이다.

그러나 이제는 반대로 섬기며 베푸는 삶을 살기 위해 노력하는 중이다.

이렇게 금채는 나이 들어서야 철든 어른으로 변신 중에 있다. 금채는 정말 많은 분들께 큰 사랑을 받아 왔다. 세상 이치가 나에게 베풀어 주신 분들에게 그 은혜를 다 갚을수는 없겠지만, 겸손한 마음자세로 모두를 섬기리라고 결심해 본다.

어린 아이에게도 배울 점이 있듯이, 금채는 요즈음 누구에게나 겸손하게 배울 것을 찾는 훈련중에 있다. 그러니 금채는 참! 행복하다. 낮아짐의 혹독한 훈련속에서도 감사함이 물밀듯이 넘쳐나니 말이다. 금채는 무조건 행복한 인생을 살아가도록 만들어진 특별한 존재인가 보다. 하하하하하!

뽀송이의 이벤트

미소가 학교에 가려고 교복 조끼랑 재킷을 바닥에 두고 잠시 다른 일을 보는 사이에 사고가 났다. 우리집 강아지 뽀송이가 그 위에 시원하게 쉬를 한거다. 그것도 바쁜 등교시간에 말이다. 하하하하하!아침 처음 누는 거라 양도 장난 아니게 많아서 교복이 아예 흠뻑 젖었다. "엄마! 어떡해?"

다급해진 미소가 그만 난리가 났다. 교복을 안 갖춰 입으면 선도부 선생님 으로부터 무조건 체벌이 가해 진다면서 미소가 안절부절 야단이다. 흐미!~ 이쁜 딸이 강아지 실수 때문에 선생님에게 맞으면 억울할 것 같아 금채도 덩달아 걱정 되었다. "야! 미소! 그럼 어쩔수 없다. 사실대로 말하고 교복을 싸가지고 가는 거야! 하하하하하"

그래서 미소는 교복을 가지고 등교를 했다. 어떻게 되었을까 궁금해진다. 지금 혼자서 그 일을 생각하면서 웃고 있다. 하하하하하! 요지경속 아침 풍경을 말이다. 하하하하하!어제 미소가 집에 오자 마자 이렇게 재잘거린다.

"엄마! 선도부가 쭈욱 서서 있는 가운데 선생님께서 '너 일루와!!! 뭐야 이 복장이?' 라고 하시잖아. 그래서 얼른 교복을 들이대며 강아지가 쉬를 해서 들고 왔다고 했더니 '세탁을 하고 와야지 그걸 들고 오냐?' 면서 그냥 들어 가라고 하셨어."

그 광경을 지켜보던 10여명의 선도부들이 선생님앞이라 크게 웃지도 못하고…. 각자 웃음을 삼키며 억지로 버티는 폼들이 가관이 아니더란다.

세탁소에 맡긴 교복은 수요일에나 찾을 수 있고 선도부 선생님이 매일 바뀌실텐데 하며 미소가 등교를 걱정한다. 그래서 "정이라도 겁나면 엄마가 편지라도 써줄까?" 라며 서로 걱정을 하다가 미소는 학교에 갔다. 그리고 출근 준비중에 바쁜 나에게 미소에게서 문자가 날아 왔다.

"선도 선생님이 어제 그 선생님과 새 선생님! 두분이 나란히 서 계신 가운데 오늘 선생님이 너 일루와!라고 하시니까 어제 선생님이 얘! 어제 개가 교복에 오줌을 쌌대요 라며 대신 답변해 주어서 그냥 잘 들어 왔어!"

내일 하루 더 남았는데…. 좌우간 재미있다. 이걸 웃으며 넘어가도 되는 건지? 하하하하하! 아무튼 뽀송이 녀석 때문에 며칠동안 엄청나게 웃으며 살고 있다. 온가족에게 사랑받는 우리 뽀송이! 제 잘못은 반성도 하지 않고 어제는 내가 출근 전에 보니 이불속에 폭! 들어가서 어찌나 편하게 자고 있던지….

그냥 편히 자라고 이불속에 그대로 두고 출근했더니 주인 마음도 모르고 떡하니 이불에 또 쉬를 해 놓았다. 으그그 내가 못 살아….

오줌을 잘 가리다가도 가끔 실수를 한다. 그래도 이쁜 울 뽀송이는 사랑스럽다. 우리 가족에게 웃음 주는데 뽀송이도 한 몫 단단히 하기에….
하하하하하!

2001년부터 우리 가족에게 웃음 주는 뽀송이 ~

금채의 분신들이야기

늦둥이의 회상

이미 여러차례 언급했지만 나는 8남매 막내이다. 그런데 그것도 늦둥이로 말이다. 그런 늦둥이를 감사하게도 아버지는 '금이야 옥이야' 하시며 당신의 무릎이 내 놀이터가 되게 하셨다. 아버지는 나를 무릎에서 내려 놓질 않고 키우셨을 정도이다. 하하하하하!

반면에 언니나 오빠들에겐 8남매를 반듯하게 키워야 하기에 아주 엄격한 호랑이 아버지였다. 그러나 유독 금채에게만 후하셔서 두 분 다 예뻐하시면 버릇이 없어진다고 엄마는 금채를 속으로만 예뻐하시고 악역 담당은 늘 자처하셨다. 그래서 내가 한 번은 "엄마가 혹시 계모 아니냐구?" 물었던 적도 있다. 하하하하하!

초등학교시절 어린 나이에 걷기는 좀 먼거리에 학교가 있어 더운 여름과 추운 겨울에는 아버지가 자전거 뒤에 푹신한 방석을 깔아 놓고 종종 나를 데리러 오셨던 기억이 난다. 추운 겨울이면 풀빵집에 들러 따뜻한 풀빵을 먹여 나의 몸을 녹여 집에 데려가 주시던 아련한 추억들….

나는 어릴 때부터 교회에 다니며 어르신들 앞에서 재롱도 많이 부리며 자랐다.

교회 어르신들이 둘러앉아 계신 자리만 생기면 아버지는 어린 금채를 데려가셨고 당신의 무릎에 앉히시고는 기회만 되면 나에게 노래를 시켰다. 그럼 나는 또 곧잘 노래를 불렀던 기억이 난다. 하하하하하!

그때 아버지는 이미 멋진 웃음강사가 될 것임을 예견하시고 미리 무대 체질로 날 맹그러 놓으셨나부다. 하하하하하!

이렇게 어릴때부터 사교성을 배운 금채에게는 친구들이 많다. 그런데 그 많은 친구 중에서 아버지에게 그런 특혜(?)를 받는 아이는 금채 하나뿐이었던 것 같다. 오직 늦둥이라는 특권으로 말이다. 그러게 어딜 가나 줄을 잘서야 한다. 금채는 태어날 때부터 운명적으로 이렇게 줄을 잘 선거다. 하하하하하!

막내 금채는 눈에 넣어도 안 아플 늦둥이인지라…. 아버지가 장에 다녀오시면 자전거 뒤에는 언제나 예쁜구두나 옷을 비롯한 꼬마 금채에게 주실 선물들이 가득 실려 있었다. 그 아버지의 사랑이 갑자기 그리워진다.

사실 아련하게 살아있는 어린 시절의 추억을 잊고 지냈다. 그러다가 어제 문득 생각이 났다. 하교하는 아들을 마중 나가서 기다리다가 생각이 난 것이다.

바쁜 엄마를 둔 아들이라 다른 집 아들들처럼 엄마가 교문에서 우산 들고 기다리는 것은 그리 많이 하지 못했다. 그래서 아들은 가끔 엄마인 나에게 투정을 하곤 했다.

"비가 오면 딴 엄마들은 우산 가지고 오는데, 엄마는 우산도 안가져다 주고…."

금채는 부모님께 넘치는 사랑을 받고 성장했는데 내 아이들에게는 그러지 못했다. 그래서 미안함이 앞선다. 늘 일한다는 핑계로 아버지가 내게 베푸신 그 사랑을 아이들에게 흉내도 못 내고 있으니 아이들에게도 정말 미안하고 아버지께는 정말 죄송하다.

그런 내가 평소 아들이 좋아하는 '초코 머핀'과 내가 좋아하는 '커피번' 빵을 사서 학교 앞에서 기다리고 있으니 아들의 입이 축구공이 들어갈 만큼이나 벌어지며 즐거워 하는게 아닌가? 미소가 아름다운 꽃미남 내 아들의 얼굴이 함박웃음으로 바뀌어 나를 환영하는 모습에 너무나 행복했다.

함께 버스를 타고 맨 뒤에 앉아 빵을 꺼내어 나누어 먹었다. 이게 바로 금채가 말하는 '행복 맛'이다. 행복이 뭐 대단한건가? 가까이 내 손으로 붙잡아 당겨 포옹하면 행복인것을….금채도 잘하려고 애는 쓰지만 일을 하다보니 아무래도 아이들에게 종종 소홀하게 된다.

어린 시절에 충분한 사랑을 받는 아이가 대인관계도 원만하고 위기대처 능력도 뛰어 난다고 한다. 그래서 워킹맘들에게 꼭 이 말은 해 드리고 싶다.

아이들에게 사랑을 듬뿍 발라 주자고 말이다. 넘치는 사랑을 받고 자란 아이들은 행복에 겨워 신나게 인생을 살아간다. 그리고 그런 아이들은 타인을 배려할 줄도 안다. 그래서 사회성이 뛰어나게 되므로 인정받는 삶을 살게 된다.

일을 가진 워킹맘들이여! 다시 한번 강조하건데, 아이들에게 세심한 배려와 넉넉한 사랑을 안겨주는 좋은 엄마가 되자. 아이들은 엄마가 필요하지 돈이 필요한 것은 아니다. 아이들은 당연히 부모의 사랑을 잘 받을 권리를 갖고 태어났음을 기억하자.

사랑을 받고 자란 아이들이 세상을 또한 관용적인 시각으로 바라 볼 수 있다. 문제아는 문제 가정, 문제 부모로부터 발생한다. 핵가족화 시대에 아이들의 이기심과 일탈행위가 급증하고 있다. 그러나 엄격히 말하자면 모든 것은 부모 책임이고 기성세대의 책임이다.

살기 좋은 세상을 만드는 것은 행복한 마음을 가진 사람을 많이 만드는 것임을 기억하자. 오늘도 금채는 사랑하는 아들과 딸이 있음으로 인해 더욱 행복하기만 하다. 행복지도사 금채의 진솔하게 살아 나오는 웃음이 그래서 백만불짜리가 맞다. 하하하하하!

달랑 세포기

나는 좋은 엄마를 만난 행운아였다. 금채의 엄마는 요리사 수준의 대단한 음식 솜씨를 가지신 분이었다. 그 덕에 금채는 언제나 맛나고 모양새 좋은 음식을 먹고 자랐다. 그래서 나의 별명은 간순이(간보는데 선수)이다. 하하하하하!

엄마 덕분에 어지간한 반찬들과 음식들은 요리책을 보던지 말만들어도 뚝딱 만들어 낸다. 어깨 너머로 엄마에게 배운 덕분에 김치도 맛 내는 데에는 엄청 자신이 있다. 그런데 내가 자칭 불량주부인 관계로 김치담는 양이 한정 되어 있다.

열무와 얼가리 배추는 넉단이면 되고, 알타리무는 석단, 그리고 김장 배추는 세통이면 기가 막히게 맛을 낼 수 있다. 그런데 만일 그 양이 넘어가게 되면 일단 맛을 잘 못 낸다는….하하하하하!

참! 금채 웃기는 솜씨죠? 그래서 김장 20포기~100포기 하시는분들을 금채는 이해를 잘 못한다. 하하하하하 그러니 금채! 불량주부 맞죠?

그래도 남편은 금채표 김치가 제일 맛있다고 칭찬을 아끼지 않는다.

가뭄에 콩 나듯 김치를 담가 올리는데도 남편은 언제나 금채표 김치자랑 투성이다. 가끔 남편은 배추를 사 들고 와서는 금채표 김치 먹고파 사왔다고 애교를 부린다. 으그그그!!!! 그건 불량주부에게 대박 스트레스감이다. 하하하하하!

'김치!' 하니 생각나는 것이 있다. 아이들이 어릴 적에 김치를 만든다고 파, 무, 갓 등 김치 속 재료를 한 양푼이 정도 되도록 썰어 놓고 배추 절여 놓은 것을 뒤집고 들어와 보니 거실 가득 두 아이가 김치 속 재료를 가지고 눈사람 놀이를 해 버렸다. 그래서 거실이 온통 김치 양념으로 범벅이 되어 있었다.

화가 나서 두 아이 무릎을 꿇려 놓고 손들기를 시켰다. 그리고 정신없이 뒷청소를 하다가 아이들을 보니 벌을 받으면서 꾸벅 꾸벅 조는게 아닌가? 그래도 내 새끼라서 즐겁고 사랑스럽고 예뻤다.

그랬던 아이들이 지금은 엄마보다 훌쩍 자라서 듬직하다. 밥 안 먹어도 자식 덕에 배부르다는 어른들의 말씀이 실감나는것 같다. 하하하하하!

금채는 긍정적인 사고관을 가진 사람이다. 삶에 대한 생각도 그러하다. 그래서 살아간다는 것이 어찌 보면 행복한 것들로 온통 채워져 있다고 생각한다. 세상 살아 가는게 생각하기에 따라 참 재미난 일들도 많기 때문이다.

오늘도 아들과 금채는 앞으로 나아갈 방향에 대해 많은 이야기를 나누었다. 엄마의 기대에 어긋나지 않는 아이로 성장 시키려면 부모가 거울이 되어야 한다. 그러므로 말만 앞서는 엄마가 아닌 행동으로 모범적인 엄마가 되도록 항상 거울 앞에서 미소를 날리며 다시 한번 더 다짐해 본다. 아자 아자!

아들이 중 1때 나에게 했던 말이 있다. 아들이 보기엔 엄마가 참 열심히 노력하는 엄마로 보였나 보다. 그날도 열심히 책을 읽고 있는 내 모습을 지켜 보더니 "엄마는 성공 하시겠어요." 라고 한다. 하하하하하!

현재 우리집에서는 금채가 가장 열심히 공부한다. 그런데 정작 공부해야 할 녀석들은…. 으그그그그…. 하하하하하!

나도 우리 아이들 같은 시절에는 사실 공부가 너무 싫었다. 아무튼 열공하는 엄마 모습을 보면 느끼는 바가 있겠지 싶어 일부러라도 열심히 공부하는 모습을 보여 준다. 그런데 금채는 이런 내가 너무나 좋다. 요즈음 금채는 이런 금채에게 또 반하고 있다. 하하하하하!

천사! 그대 이름은 미소

초저녁에 남편에게서 갑자기 문자가 왔다.

저녁 약속 있어 좀 늦을거 같아!'

그런데 나는 거의 밤 11시가 다 되어 집에 도착했다. 집에 도착 하여 보니 남편이 금채보다 몇 발자국 앞서 도착하여 현관 비번을 찌지직 누르고 있었다. 그리고는 금채를 뒤 따라 들어와서는 옷을 갈아 입고 있는데 "라면 있냐?" 라고 묻는다.

평소에 남편은 너구리 라면을 좋아한다. 이 밤에도 너구리 라면을 얼른 끓여 달란다. 그래서 라면이 없다는 핑계로 "이 늦은 밤에 난 그렇게 못하지!" 라고 대답했다. 하하하하하!

우리 부부의 이야기를 들은 미소가 자신이 갔다 온다면서 자청 한다. 엄청 추운 날 밤인데 미소가 가겠다는 이유가 있었다. 어디서 들었는지? 미소 또래 친구 아버지가 돌아 가셔서 어린 나이에 거의 소녀가장 신세가 되어 있는 아이를 통해 아빠를 이해하게 되었다는 거다. 평소 아빠가 계실 때에는 몰랐는데 아빠의 빈자리를 보면서 아빠에 대한 소중함을 생각하게 되었다나?

자기들만을 위해 일만 하시다가 행복한 추억도 없이 돌아가심이 너무 안타까워서 살아 생전에 아빠의 소중함을 몰랐던 죄책감이 생겼다는 그 아이의 말에 내 딸 미소도 충격을 받았단다. 그 일이 우리 아이에게는 정서적으로 유익한 산 교육이 된 것 같다.

평상시 늦은 시간 심부름을 시키지도 않지만 혹시 심부름을 시켜도 안 가려던 아이가 그 이야기로 인해 아빠에게 정말 잘해야겠다는 생각이 들었으니 이 얼마나 행복한 일인가?

미소도 곰곰이 생각해 보니 가족 여행가면 아빠는 운전만 하고 우리 가족을 위해 고생만 하시더라는 것이다. 그런 아빠에게 감사하며 살아 계신 아빠의 소중함을 새롭게 느껴 앞으로 아빠에게 잘 할거라고 다짐한다. 정말 기특한 딸미소 이다.

금채의 딸 미소는 맛있는 것이 생기면 자신이 먹기 전에 먼저 엄마와 아빠 입에 넣어주고 먹는다. 정말로 마음이 따뜻한 아이이다. 그런 아이를 딸로 두었으니 금채는 이 얼마나 행복한가 말이다.

우리 부부는 정말 각자 분야에서 최선을 다해 열심히 산다고 자부 할 수 있다. 그리고 아이들을 위해서도 열심히 살아가고 있다. 귀여운 딸 미소를 통해 나도 고마운 남편에게 더 잘 할 것을 다짐해 본다.

남편은 평소에 많은 부분에 있어 나를 도와준다.

처음에는 남편이 집안 일 도와주는 것을 당연시 했었다. 그러나 부부로 살아가는 날들이 무거워질수록 마음에서 우러나는 감사가 저절로 나온다. 나도 남편을 위해 무엇을 해 줄까를 생각 하게 된다. 그래서 가끔 문자로 감사를 날린다. 예쁜 금채가 날리는 그런 문자를 받으면 남편은 은근 슬쩍 좋아라 한다. 그런데 그런 순간 금채는 또한 행복해진다. 이건 되로 주고 오히려 말로 받는 금상첨화격이다. 하하하하하!

금채의 삶의 방식은 늘 그렇다. 얼굴엔 상냥한 듯 하지만 마음 속은 짜증인 이중적인 삶을 원치 않는다. 남들이 느낀 대로 마음속에서 우러나오는 상냥함을 고객에게, 가족에게 그리고 금채를 아는 모두에게 한결 같기를 소망한다. 남들은 금채를 초긍정적인 원더우먼이라고 칭하기도 한다. 어찌보면 푼수라고 달리 말 할 수도 있을것이다. 그러나 때로는 푼수라고 불리면 어떤가? 상대를 가식없이 편하게 대해주며 상대에게 기쁨을 준다면 서로 행복할거라 생각하기 때문이다.

금채는 이렇게 항상 긍정적인 삶을 살아가려고 노력한다. 그러나 금채도 가끔은 화도 내고 한 성질 부리기도 한다. 하하하하하!

그러나 나이가 들면서 슬슬 그러한 모가 난 성질들도 배추 숨 죽듯이 가라 앉아가고 정리가 되어가는 듯 싶다. 그래서 내 자신을 보아도 참 편하고 좋다. 그렇게 나를 초긍정으로 몰아가도록 도와준 장본인은 무엇일까? 그것은 바로 웃음이다. 하하하하하!

초창기 웃음강사 시절에 겪은 금채의 이야기이다. 남편과 식구들이 금채를 바라 보며 "참! 저렇게 미치기도 힘든데…." 하며 금채가 박장대소하는 모습을 보며 약간 정신적으로 이상이 생긴 여자로 취급하였다. 그러나 이제는 가족들도 웃음강사 수준 정도로 발전하고 있다. 하하하하하!

원래 금채의 가족은 재미있는 가족이다. 그러나 각자 개성들이 강해한 성질들 한다. 그렇지만 이제는 웃음과 더불어 개그 가족이 되어 버렸다. 아빠부터 시작해 딸 아들 모두 함께 온가족을 서로 서로 웃기며 즐겁게 살아간다. 하하하하하!

금채의 예쁜 딸 미소의 기특한 점을 칭찬하려다가 이야기가 곁길로 빠졌다. 그렇지만 가족은 하늘이 맺어주신 고운 인연이지 않은가? 고운 인연이 되어 만났으니 서로 사랑하며 챙기며 배려하며 오손 도손 행복하게 살아 가자는 거다. 이렇게 금채의 가족 모두가 함께 웃으니 금채는 어찌 행복함을 더 숨길수 있으랴! 하하하하하!

이녀석이 인사도 없이 그냥 사라진다.

출근준비하느라 욕실에서 씻는중 아들이 소리친다. 다녀 오겠습니다.
하하하하하하 무슨 이야기 일까요?

몇일전 부터 개학해서 학교 가는길 이녀석이 인사도 없이 그냥 사라진다.

어라! 나는 얼른 문자로 인사는 하고 가야쥐! 했다. 바로 답이 왔다. 안녕히
다녀 오것(겠)습니다. 하고...하하하하하하하

그냥 지날칠수도 있지만 가르킬것은 가르켜야 한다. 요즘 식당을 가건
공공 장소를 가면 아이들이 막 돌아쳐도 내버려 두는 부모님들을 왕왕
보곤한다. 내집에서 귀하고 내자식이라 귀하지 공공장소에서는지켜야
할 공중도덕은 집에서 잘 가르켜야 하지 싶다.

나 어릴적 유난히 예의범절을 심하게 가르키는 부모님 밑에서 자라났다.
8남매 막내라 아버지 무릎은 내 전용 방석일 만치 귀여움을 독차지 하며
자랐지만 버릇없는 행동을 했을시 눈물이 쏙! 빠지도록 혼난 기억이 있다.

어린시절 고향 동네에서는 엄마나 언니에게는 지역 사투리로 ~~했는가
~~그랬는가...하는식으로 엄마, 언니들에게는 그런식이 존칭이었다.

하지만 유독 우리집만이 그랬습니다. 그렇게 하겠습니다. 하며 존칭을
또박또박 썼다. 그렇게 하지 않으면 아버지의 불호령이 떨어졌다.

학교 가는길 행여 그냥! 갈라치면 아버지는 선수쳐서서 변소에 가냐?
하시며 인사를 유도 하셨다. 불호령이 아닌 여유 있으신 유머로 암암리에
가르키셨다. 하하하

나의 유머력 생각해 보면 아버지에게 타고 났나?하하하하하하하하하

꼭!대접 받기 위함 이라기 보다 가르킬것은 마땅히 가르켜 부모로써
어른으로써 대우 받을건 받고 남에게 피해 주지말고, 애써 키워주신
부모님이 우리에 잘못된 행위로 행여 부모님 욕되게 하는것은 아니지
않는가?하하하하하하하하하

부모로써 조금만 잡아주고, 조금만 사랑주면 남에게 불편은 안줄수
있지싶다. 자!젊은엄마들!!!공공장소에서 조용히 있다오고 싶어요. 저말
들리시나요?하하하하

아이들 사방팔방 정신없이 뛰어다니게 내버려 두지마세요. 얌전히
앉자 있는다고 아이들 기죽지 않거든요. 기죽을것 걱정되서서 천방지축
아이로 성장시켜 사춘기때 눈물 바람 하시고 싶으시면 아이들 기! 펄펄
살게 내버려 두시든지요. 하하하하하하하

금채는 행복한 가정으로 인해
정말정말 행복합니다. ^^~

모처럼 퇴근을 빨리해 집에 가던중 사랑하는 아들이 내가 타고 있는 버스에 타는거다. 난 맨 앞자리에 앉자 아들팔을 쓰윽 잡았더니 깜짝 놀라며 엄마인걸 확인 한후 아들 입이 귀에 걸린다. 하하하하하

매일 집에서 보는 아들이지만 뜻밖에 만남에 서로 너무 반가워 했다. 이런 저런 이야기를 다정하게 나누며 오는길 주변사람들의 부러운 시선이 느껴졌다. 우리 모자가 좀 다정한게 아닌지라... 하하하하

집앞에 다다라 맛있는 냄새가 솔솔 풍겨 누구네 집인가?하며 우리집 현관문을 열었더니 글쎄!그 맛있는 냄새는 우리집에서 나는 서방님표! 정체불명의 찌게....늦은 시간이지만 밥을 조금 덜어 국물맛을 보았다. 와우!끝내주는 맛! 정말 대단했다. 오히려 금채 솜씨 보다 좋은 베리굿!인 맛에 반해 늦은 시간만 아니라면 밥을 더 먹고 싶었지만 내일 아침을 고대 하며 참았다. 하하하하하

간만에 일찍온 엄마곁에 찰싹 붙은 우리 아이들 다 큰 녀석들이 엄마 귀도잡아 당기고 여기저기 만지고 ...난 금새 우리아이들의 장난감이 되버렸다. ^^~

따스함이 가득한 우리집...엄마인 내가 만들기 나름이라는 생각에 반성도 하며 따스한 가정 있음에 감사함을 느끼는 기분 좋은밤이다. 아이들은 이제 점점 자라 미소는 20살 아들은 사춘기를 지나고 나니 그렇게 으르렁 거리던 녀석들이 서로서로 챙겨주며 위해 주는 모습을 바라보니 가슴 한켠에 따스함과 뿌듯함이 몰려온다.이런것이 바로 세상사는맛인가 보다. 참 행복하며 가슴가득 사랑이 넘쳐나는 밤이다.

오늘은 제목을 버스에서 만난 반가운 아들로 해야할지?정체불명의 국물맛이 끝내주는 서방님표 찌게를 제목으로 해야한지 순서 정하기가 힘든가운데 아들이 자꾸 노트북을 뺏으려고 한다.그만 넘겨주고 홀라후프나 하련다. 행복한 가정으로 인해 나는 오늘도 행복합니다. 정말정말 행복합니다.하하하

내딸 미소에게는 죽마고우가 있다. ^^~

미소가 삼겹살이 먹고 싶단다. 엄마가 오늘 일찍와 구워줄게 했더니
카드 두고 가면 장봐서 직접 구워 먹겠단다. 그럼 엄마야 좋지 그러렴!
하며 카드를 줬다.

퇴근후 말한다. 친구 생일이라 촛불켤 준비에 삼겹살 구울채비 하고
핑계를 기가 막히게 된후 친구를 집으로 불러 들여 생일 축하 노래후
촛불을 끄던 친구를 눈물이 왈칵 나게 했단다. 하하하하하

직접 친구를 위해 뭔가 음식으로 이벤트를 해주고 싶은데 미소가 요리
하기엔 딱히 할게 마땅치 않으니 삼겹살에 다양한 야채면 된다는 나름의
아이디어를 낸거였다. 하하하하

그래도 친구를 생각하는 마음이 참! 기특하고 예뻤다. 친구 진희와
미소는 유치원때 부터 친구다. 초딩,중딩,고딩 까지 찰싹 붙어 다니며
대학까지 같이 가려고 미소가는 대학에 함께 가려다 생각처럼 안됨에
많이 안타까워 했다. 여러해 동안 함께 노는 모습이 참!이쁘다. 나는
질색하는 함께 옷돌려 입고,가방 바꿔가며 들고 다니며 서로서로 자매
처럼 뭐든 함께 한다. 남에 물건 찝찝하지 않니? 하고 물으면 진희 깔끔해
괜찮아! 하며 서로 자연스럽게 드나들며 편하게 지낸다.

지란지교를 꿈꾸며 처럼 정말 허물없는 친구가 내딸 미소에게 있음이 사랑스럽고 믿음직 스럽다.

세상살아 가며 맘털어 놓을수 있는 친구가 몇명이나 될까요? 터놓고 이야기 할수 있는 친구가 없다는건 참! 슬픈일 일것이다. 새로운 친구 때때로 만나는것도 좋지만 있는 친구 관리 잘하는것 나의 일거수 일투족을 모두 알수 있는 친구가 있다는건 참 귀하고 소중한것 같다. 나의 속내를 털어 낼수 있는 친구 내게도 제법 있어 감사하며 행복하다. 서로 잘해야지 한사람만 잘해 좋은관계 오래 유지 하기는 쉽지 않다. 서로 배려하며, 존중하며 불편함을 끼치지 않는 사이, 가까울수록 더욱 예의가 필요할 것이다.

모두 좋은친구 옆에 가득 두시고 행복 가득한 삶 펼쳐 나가시길 간절히 기도합니다.

사랑하는 내딸 대학입학식

오늘은 사랑하는 내딸 미소 대학 입학식이다. 간밤에 설레고 떨린단다.
중학교,고등학교 입학식때는 그런 소릴 들어 보지 않았는데 새로운
친구들 만날 생각에 아침에도 일찍 깨우란다. 혹!눈부우면 눈두덩이도
가라 앉히고 맘껏 멋내야 하기에 시간이 좀 걸린다나^^~

이런 내딸이 정말 사랑스럽다. 올들어 20살된 딸이 있어요.나도 모르게
말하고 나이 들음에 소스라치게 놀랐던 몇일전 내모습을 반성한다.
나이가 좀!들었음 어떠랴? 사랑하는 내딸이 설레이는 나날을 보내는
모습을 바라 보노라면 마냥 행복한걸...무탈하게 잘자라준 딸에게 참!
고맙다.

말썽피워 부모 한번 학교 불려가게 한적 없고, 성격 좋아 친구 많고,
인기 많고 선생님들께 사랑 독차지하며, 갑자기 아파 응급실에 실려가
부모 놀라게 한적 없고 혼나거나 일방적으로 내가 화를 내도 바로
헤헤!~ 거리며 바로 말걸어 오는 내딸미소에게 정말로 고맙다는
생각이 마구 마구 든다.하하하하하하하하하

돌아보면 감사뿐이다. 이래도 감사! 저래도 감사! 매사 감사하며 웃으며
살아가는 댓가가 바로 이런 이쁜딸이 무탈하게 잘자라 준것같다.

늘 바쁜 엄마이기에 아이들에게 큰 신경은 못써주지만 감성만큼은
따스하게 자리잡을수 있도록 대화와사랑으로 온기를 느낄수 있게
하려고 노력한다.

세상에서 딸만큼 가장 편하고 친한친구는 없는듯하다.내속에 알맹이와
난 그아이의 껍질이기에 편하고 좋을수 밖에....난 미소와 너무나 찰떡
궁합 이다.하하하하하하하하

사랑하는 내딸 미소

사랑하는딸이 있어 행복한 오늘에 감사한다.사랑하는 내딸 미소야!
내딸로 태어나줘서 고맙다.곁에서 너의 영원한 후원자가 될것이며 너가
성공할수 있도록 인생선배로써 엄마의 그동안의 노하우 고스란히
전수해 줄께... 너에게 무엇을 준들 아깝겠니?.....하하하하하하하하하

글을 쓰다 보니 너무 행복하고 흐뭇하다.딸과의 사랑을 권해 드립니다.
이쁜곳에 함께가 맛난것도 먹고 함께 놀이 동산도 가서 아이스럽게 놀이
기구도 타주며 다양한 추억 많이 만들어 주세요. 행복한 추억이 많은
사람은 역경이 몰려 와도 가볍게 헤쳐 나갈수 있답니다. 저역시 그부분에
실감하고요.모쪼록 자녀들과 두텁고 돈독한 사랑나눠 이세상이 더
훈훈하며 밝고 맑아지길 소망합니다.^^~

누구 손?

위쪽부터 아들손, 내손, 내딸 미소 손이다. 갑자기 웬 손 사진이냐구요?
하하하하하!

우리 아이들은 부모에게 이끌려서 교회를 다닌다. 어릴때에는 부모가
가자고 하니 따라 갔다. 그런데 사춘기인 지금은 꼭 교회가야 하냐고
나에게 가끔 따진다. 하하하하하!

그러면 금채의 대답은 간단명료하다. 교회 다니기 싫으면 교회 안다녀도 되는 집에 가서 살으라고 엄포도 놓는다. 하하하하하!

어제는 크리스마스인데 교회 가는게 정말로 싫은지 아들이 밍기적 밍기적 거리며 늦게서야 교회에 도착했다. 늦게라도 예배 드리러 오니 반가웠고 고마웠다. 나는 하나님이 살아 계심을 믿고 예배의 중요성과 신앙의 중요성을 너무 잘 알고 있다. 그래서 온가족이 주일이면 꼭 나란히 교회에 함께 가서 예배를 드릴려고 노력하는 편이다.

어릴때 우리교회는 금채네 집에서 도보로 35분 정도 되는 먼 거리에 있었다. 비록 먼 거리일지라도 금채는 늦둥이라서 부모님을 강아지처럼 졸졸졸 따라 교회에 다니는 습관이 생겼다. 그래서 어린이예배인 주일학교 오전과 오후예배 그리고 부모님과 함께 드리는 주일낮예배와 주일 저녁예배, 수요예배 게다가 구역예배까지 드리며 교회중심으로 자랐던 것이다.

때로는 새벽마다 그 먼 길을 혼자 예배드리러 가시는 엄마가 어린 마음에 왠지 걱정이 되어 새벽 예배에도 간간히 따라 다니곤 했다. 교회 도착 하자마자 새벽인지라 엄마 무릎에서 쿨쿨 자면서도….

그러나 언제나처럼 엄마의 기도는 동이 훤희 틀때까지 오랫동안 계속 되었다.

그렇게 기도를 마치고 곤히 자는 금채를 깨워서 일어나 살펴보면 교회 안에는 엄마와 금채 둘 뿐이었다. 이렇게 엄마를 통해 배운 예배의 열정 이랄까? 금채가 아이들을 데리고 교회 다니는 이유는 바로 이거다.

아무것도 모르고 단지 부모님이 좋아 졸졸 따라 다니는게 습관이되니 성장하여서도 내가 살아가는 가운데 위기나 어려움이 올 때면 나도 모르게 하나님을 찾게 되었다. 이제는 온전히 예수를 믿는 낙으로 사는게 기쁨이 되어 버렸다. 그리고 체험적인 신앙인으로써 하나님께 감사하는 삶을 살고 있다. 하하하하하!

그래서 나는 예배 시간에 아이들을 데리고 가서는 같이 나란히 앉는다. 행여라도 아이들이 지루해 할까 봐 돌아가며 손마사지도 해준다. 헬스 터치로 혈액 순환이 되게 한 후 손 마디 마디를 만져 준다. 그러다 보니 아이들 특히 아들과의 스킨십이 잘 되어 좋다. 사춘기로 위태로울 수 있는 상황을 엄마의 사랑으로 치유됨을 느낄수 있기 때문이다.

어제는 마침 내 가방에 핸드크림이 있어 핸드크림을 넉넉히 발라 손 마사지를 해 주었다. 느낌이 아주 좋았나 보다? 하하하하하! 예배 시간에 집중하지 않고 뭐하는 짓이냐고 말할수도 있겠지만, 우리 아이들도 나처럼 성인이 되어 혼자 스스로 헤쳐 나가야 할 상황이 되면 자연스럽게 엄마로 인한 믿음이 바탕이 되어 슬기롭게 하나님께 지혜를 구하는 아이들이 될 것을 믿는다.

물론 금채가 예배시간에 아이들을 대하는 그런 모습은 썩 좋은 방법은 아니다. 그러나 아이들의 집중을 유도하기 위해서 가끔 그런 일을 한다. 나는 아이들이 반듯하게 자라 주어 고맙고 행복하다. 아이들이 반듯하고 예의있고 착하게 자라는 까닭에는 교회에 가서 설교를 통해 좋은 말씀들로 일찍부터 교육받고 있기 때문이라고 생각한다.

물론 지금은 아이들이 부모에 의해 어쩔수 없이 교회에 다니고 있는 수동적인 신앙생활이지만, 아이들이 자라 어른이 되면 능동적인 신앙인이 될 것을 믿는다. 또한 탈선하지 않고 부모와 가정과 가문과 이 세상에 행복을 심어주는 행복 바이러스맨들이 될 것도 믿는다. 가끔은 교회 가는 것을 싫어하지만 부모를 잘 따라와 주는 아이들이 너무 고맙고 사랑스럽다.

"아들아 그리고 딸아! 사랑한데이….아주 많이 많이 많이!"

금채의 행복
에너지
팡!팡!팡!

3부 | 금채와
동시대를 살아가는
금채의 주변이야기

2010년 가을, 라이온스 강의를 마치고...

국군장병 아저씨!

의젓한 이기자! 부대 군인 아저씨 안녕?

군복 차림의 우리 철이 정말 멋지더라! 모양내서 선탠한 듯한 그을림!
우리 철이 같은 씩씩하고 멋진 군인 아저씨가 있기에 우리는 편히 잘
지낼수 있을테지….

마냥 아이로만 기억 되었는데 이번에 군복을 입고 있는 모습을 보니
아주 어른 다 되었더라. 세광이도 미소도 유머러스한 오빠가 형아가
너무 좋단다. 우리 가족속에 흐르는 유머러스함이 우리 철이에게도
고스란히 넘쳐 흐름을 지켜 보며 피는 못 속인다는 생각을 했지….휴가
동안 몇일을 함께 하다...

내 조카를 내무반에 두고 오려니 울컥! 눈물이 나와 곤혹스러웠단다.
대한의 남아라면 거쳐야할 관문! 계절 따라 추위와 더위가 몰아치더라도
군인으로서 규칙에 따라 생활해야 하니 힘들거야. 그러나 자유 분방함
속에서의 생활과 판이하게 다르다고 속상해 하지 말고 인내심을 발휘
해서 잘 이겨 나가기를 바래!

늠름한 대한민국 국군장병 철아!

인생사를 살아 가다보면 엄마 품속처럼 언제나 푸근하고 편안한 날만 있는 것은 아니거든! 부대에 복귀하기 전 이모랑 잠시 이야기 나누었듯이 누구나 거쳐야 할 관문이기에 그곳에서 정한 규칙을 잘 참고 견디면 훗날 사회생활 하는데에도 엄청난 도움이 될거야. 그리고 그러한 경험들이 크고 훌륭한 일을 감당하기 위한 밑천을 다듬는 시간이라고 생각하면 편할거야.

사랑하는 철아!

누구에게나 삶속에 장단점은 있단다. 울 철이는 지금 군에서 틀에 박힌 생활에 버거움을 느낄수도 있겠지만 철이보다 더 힘든 환경에 처한 사람들도 많다. 특히 성공한 사람들 내면을 들여다 보면 거저 주어진 성공은 없다는 거지. 남모르는 아픔, 버거움 들을 인내심, 노력 등등으로 온 힘을 다해 극복해 나간다는 거지.

멋진 대한의 아들 철아!

앞으로 남은 11개월 걍! 즐겨 버려라. 이모는 웃음&유머강사로 활동하는데 한번이라도 강의 준비하는데 공부하기 귀찮다는 생각을 해 본적이 없단다.

이모가 좋아 하는 말 중에 '천재는 노력하는 사람을 이기지 못하며, 노력하는 사람은 즐기는 사람을 이기지 못한다' 는 말이 있단다. 기왕에 주어진 상황에 조금이라도 힘들다 버겁다 하지 않고 걍! 즐겨 버리자는 거지 ….그럼 남은 군생활의 삶에 질이 훨씬 더 윤택해질거야!

좋은 동료 많이 사귈수 있는 좋은 기회 만들며 군생활 속에서도 아름다운 추억을 많이 만들거라! 세상살이 힘겨워질 때 추억 먹고 사는 기분도 꽤! 괜찮거든….

그리고 좋은 부모님 만난것도 항상 감사하렴! 울 철이와 이번 휴가 함께 보내며 철이에게 하시는 부모님의 배려에 이모는 감동이었단다. 울 철이가 복이 많아서겠지? 그렇게 맘을 다해 챙겨주시는 부모님은 흔하지 않을거야! 지금도 부모님 생각하는 마음이 많이 이쁘지만 부모님께 더욱 효도하는 울 철이가 되기를 바래!

미소랑 세광이도 철이와 함께 했던 시간들이 좋았나봐! 내년에 또 형아네랑 보내자는구나! 하하하하하! 군에서도 주일날 교회 빠지지 말고 잘 나가고 간부님들과 동료들에게도 인기짱인 우리 철이이기를 바랄께!

늘 건강하고 바른 마음을 가진 대한의 건아로 군생활 잘 할수 있도록
이모가 울 철이 위해서 아침 저녁으로 기도 많이 할께…. 멋진 군인
아저씨! 오늘도 기쁜 마음으로 수고…. 이쁜 막내 이모가^^~

금채의 행복에너지 팡팡팡

흐미! 맛난거!

금채에겐 언니가 4명이나 있다. 모두 마음이 따뜻한 언니들이다. 마음 좋은 언니들이 많은 탓인지 금채는 정말로 언니 복으로 더 행복하게 살아간다. 게다가 금채에게는 오래전부터 알고 지낸 친언니 버금가는 언니가 또 있다.

오래간만에 그 언니와 한참 통화를 했다. 그런데 참하게 살림 잘하던 금채가 불량주부로 변해 버렸다고 금채에게 호통치는게 아닌가? 일이 중요한 것이 아니라 가족이 일보다 더더욱 중요한거라고 말이다. 하하하하하!

금채도 그건 이론적으로 잘 안다. 하지만 언제부터인가 금채는 일이 더 좋은걸 어쩐담? 금채는 집 보다는 집 밖에서 활동하는 것이 더 활기차고 좋다. 내게 숨어있는 끼를 발산하고 싶기도 하고…. 하하하하하!

최근 들어 가끔 반찬도 사다가 먹는다고 했더니 언니가 난리다. 그래서 나는 "그럼 언니는 요즘 뭐해 드세요? 난 할께 없던데" 하니…. "요즘 반찬꺼리가 지천인데 할께 없다니?" 하며 봄나물 종류들을 나열해 준다. 그 순간 가족에게 정말 미안한 생각에 뭉클….

퇴근 후 즉시 마트에 들러 찬거리를 사고 깻잎 나물을 처음 사보았다. 별 양념한 것도 없이 식용유를 살짝 두르고 살짝 볶았을 뿐이었는데 와! 정말 맛있었다. 안 먹을줄 알았던 아이들도 맛있게 먹는다. 다시 한번 미안함에 가슴 뭉클….

다음날 또 다시 마트에 들러 참나물을 사서 고추장 살짝 넣고 양념도 살짝 살짝쿵 거기에 참깨도 솔솔 뿌려 쪼무락 쪼무락 손맛이 나게 만들어 시식! 흐미! 맛난거! 이렇게 쉽고 맛 있는걸 왜 바보처럼 내 손으로 할 생각을 안했던건지 반성 또 반성했다.

강의만 잘한다고 최고가 아니지! 불량 주부에서 탈피해야 성공자이지! 아자자자! 하하하하하!

혹! 저처럼 불량주부인분 계신가요? 그렇다면 우리함께 잠시만 반성해요. 가족 위해 신선한 나물 무침을 찬에 끼워 식탁에서 생기를 만끽하게 조금만 더 노력합시다. 주부임을 포기한 불량 주부로 전락하지 맙시다. 하하하하하!

금채도 몇일 전까지는 불량 주부였지만 이제 마음 잡았답니다. 하하하 하하! 오늘은 퇴근하며 비듬 나물 사가지고 가서 된장 넣고 참기름 한 두 방울 떨어트려 쪼물딱 쪼물딱 맛깔나게 묻혀 엄마 손맛을 느끼게 해 줄랍니다. 하하하하하!

저처럼 엉터리였던 사람이 마음 잡았다고 큰소리친거 아시죠? 하하하하하! 요즈음 가정들이 갈수록 많이들 붕괴되어 갑니다. 부부간에 서로 한 발자국씩만 양보하면 가정에 평화는 따 놓은 당상입니다.

그렇게 말하는 금채는 잘 하냐고요? 저도 잘 못해요. 하지만 이렇게 말로 시인하며 표현할 때 내 말에 책임지기 위해서도 노력하기에 저도 잘하려고 외치는 거지요. 남편에게 자녀에게 따스한 밥해 주고 따스한 말 해주며 가정에서 푸근한 사랑을 느끼게 해주자고요. 아싸!~

내 가정이 평안하면 이웃과도 평안 할 것이며 이러한 가정들이 늘어날수록 우리나라 모든 가정에 따스함이 전파되리라고 믿어봅니다. 동의하시죠? 하하하하하!

우리 모두 힘 내어서 가정들을 잘 지키자고요. 품어주고 사랑주는거 조금씩만 더 실천하자고요. 어릴적에 사랑을 듬뿍받은 아이들은 성장 후 아이어른으로 전락하지 않고 어떠한 역경이 와도 잘 참아 낸다는 거 잘 아실겁니다. 그래서 금채부터 반성하며 단란하고 행복한 가정 지키기에 앞장서려고요. 그래서 금채는 오늘도 무척 행복하답니다. 하하하하하!

8남매의 박장대소

지난 3월27일은 조카의 결혼식이 있어 8남매가 식장인 전남 무안을 찍고 강진에 있는 언니집에 모두 집합했다. 결혼식을 치른 언니도 나처럼 불량주부 수준이다. 하하하하하! 성남 큰 언니와 접선 후 큰 언니가 미리 성남에서 출장뷔페 수준으로 음식 재료들을 즐비하게 챙겨와 언니들의 손이 더욱 바빠졌다.

그러나 8남매의 막내인 금채는 여기서도 딴청이다. 하하하하하! 엄마 닮아 요리사 수준인 언니들은 도깨비 방망이라도 두들겼는지 순식간에 음식을 즐비하게 차려냈다. 결혼식 장본인인 둘째 언니는 완도에다 미리 다양한 종류의 싱싱한 회를 시간 맞춰 주문해 두었기에 음식이 차려짐과 동시에 맛있는 회도 손 큰 언니 덕에 실컷 먹을 수 있었다. 하하하하하!

언제나 행복이 넘치는 금채! 오늘은 더 큰 행복이 넝쿨채 굴러온듯….모처럼 한 뱃속에서 나온 8남매가 함께 모여서 그런지 별미같은 다양한 즐거움이 넘쳤다.

그렇게 맛있는 음식을 먹었으니 웃음강사 금채가 가만히 있을수 있을까? 금채가 누군데? 하하하하하!

금채의 끼와 실력을 발휘해서 온 가족을 위한 웃음 강의를 시작했다. 남도 중요하지만 우리 가족도 제대로 웃는 방법을 알려 드려야 한다는 사명감에 불타서 말이다. 먼저 웃음의 3원칙을 시작으로 이날 밤 온가족을 아주 그냥 죽여 주었다. 하하하하하!

금채가 웃음 강의를 하는 동안 감사한 일이 참으로 많았다. 어느 누구라도 긍정적인 마음으로 함께 웃을수 있는 공동체가 바로 가족이라는 것을 다시금 확인할 수 있었으니 말이다. 소녀같은 마음으로 살아가는 금채에게 웃음을 나눌 수 있는 가족이 많다는 것이 너무나 감사하고 행복한 일이다.

각박한 세상에 웃을 일이 있어도 마음껏 웃지 못하는 것이 요즈음 세상사 아닌가? 그러나 금채네 집은 다르다. 금채 가족은 누구랄것도 없이 함께 박장대소하며 거침없는 웃음들을 터트릴 줄 알아 정말 흐뭇하고 행복했다.

그렇게 웃음강의가 끝나고 나자 형제자매들의 유머 보따리가 술술 풀려 나왔다. 가족과 더 친밀하게 어울리면서 금채는 웃음강사가 왜 천직인가를 다시금 깨닫게 되었다. 금채의 형제자매 모두가 웃음&유머 강사 소질들이 다분했다.

결혼식을 치룬 둘째 언니는 금채랑 성격이 다른 아주 조용 조용한 요조숙녀 타입이다. 그런데 둘째 언니는 무척 조용하게 유머를 구사하는데 그 수준이 예술 그 자체였다. 하하하하하!

둘째 언니도 금채처럼 고객을 관리하는 사업을 하고 있다. 탁월한 유머 구사법으로 고객을 사로잡는 법을 터득해서 활용하는 모습이 내 언니지만 정말 자랑스러웠다. 하하하하하! 조근 조근 사람을 웃기며 죽이는데 대식구들이 모두 어찌나 배꼽을 뺐던지…. 둘째 언니 당신 정말 멋져! 하하하하하!

유쾌 상쾌 통쾌한 우리 가족 8남매…. 사랑이 넘치고 배려심과 웃음 그리고 행복 등 등 세상의 모든 좋은 조건을 다 갖춘 화기애매가 아닌 화기애애한 우리가족….

이런 행복이 넘쳐나는 대가족이라는 뒷 배경이 있어서 그걸 믿고 금채가 그렇게도 행복하다고 외쳤나 보다. 형제간의 우애가 남보다 못한 원수 같은 관계도 부지기수라는데, 우리는 만나면 허물없이 허심탄회하게 서로 못 주어서 안달하고 있으니 금채네 대가족이 정말로 자랑스럽고 더욱 사랑스러워진다.

그렇게 맛있는 음식을 먹은 후 처음으로 내가 설거지를 하러 장갑 끼는 모습을 본 우리식구들이 깜짝 놀라 한마디씩 한다..

"우리 막내가 뭔일이랴? 막내 환갑 전에 철들어 버렸네!" 하며 우스갯 소리를 한다. 하하하하하!

다들 핵가족이든 대가족이든 다양한 가족 구성원이 있을것이다. 가족 으로 만나 아웅다웅거리며 서로 헐뜯는 원수가 아니라 서로 챙겨주며 위해주며 배려해 주어 사랑이 넘치는 가족이 되도록 우리가 모두 앞장 서면 좋겠다.

이렇게 금채네 8남매가 북적거리는 모습에 금채 남편도 무척 행복해 한다. 그리고 아이들도 이모와 삼촌들의 유쾌함에 많이 웃으며 행복해 한다. 집으로 돌아오면서 가족들이 행복해 하니 금채는 아주 많이 행복 했노라고 고백하여 주었다.

그렇게 다양한 방면으로 금채에게 행복을 주신 하나님께 감사함을 드린다. 금채는 이렇게 행복에 겨워 날마다 어쩔줄 모른다. 금채의 가슴속에는 추운 겨울을 내어 보내고 봄을 깨우는 진달래가 살고 있나 보다. 금채는 너무나도 행복하다. 하하하하하!

그동안 너무 바빠서 '정말 정말 행복합니다'를 쓰지 못해 손에 입에 가시가 돋은듯하여 마음이 불편했다. 그런데 간만에 내가 행복하다고 마음껏 외치게 되어 겁나게 행복하다. 하하하하하!

오랜만이라 한번 더…. 하하하하하!

고향의 맛

지방에서 셋째 언니 내외가 목회를 하신다. 형부는 낚시가 취미라 목회하시는 시간 외에 가끔 낚시를 하러 가신다. 금채도 언니네 집에 가는 기회가 되면 밤낚시를 따라가 방금 잡은 싱싱한 회를 된장에 쿡~찍어 먹기도 한다. 그러다보면 '우후! 먹어 보지 않는 자는 이맛 몰러…' 하하하하하!

어제 언니가 보낸 택배가 왔다. 형부가 잡은 갑오징어 삼치 갈치며… 가래떡 햅쌀 등 정말 돈으로는 살 수 없는 귀한것들을 잔뜩 보내셨다. 언제부터인가 돈으로 살수 없는 예전 고향 맛이 많이 그리워진다.

언니가 보낸 맛깔나는 생선을 손질하는 동안 가래떡은 오븐에 굽고 갑오징어는 데쳐서 초장 만들고 그리고 싱싱한 갈치도 오븐에 구워 한 상 가득 차려 놓으니 온통 별미 천지이다. 와~ 정말 도회지에서는 맛 볼수 없는 고향의 맛이었다. 형부와 언니로 인해 금채는 또한 행복했다.

음식으로 장만하기 위해 싱크대 앞에 서 있던 시간은 엄청 오래였지만 식구들과 함께 싱싱한 해산물을 잔뜩 느낄수 있는 입은 정말 즐거웠다.

남은 것들은 물만 부어 요리하면 되도록 잘 정리해서 냉장고에 가득 넣고 보니 마음이 아주 뿌듯해진다.

웃음과 결혼한 금채의 고향은 전남 고흥이다. 바쁘게 살다보니 잊고 살던 고향이다. 고향 친구들이 다들 잘살겠지? 어린 시절 수많은 추억들이 주마등처럼 스쳐 지나간다. 누구나 추억들이 많을 것이다. 그런데 금채는 슬픈 추억들보다 기분 좋은 추억들을 많이 만들기 위해 아직 한참 남은 삶을 잘 가꾸려고 발버둥친다.

그러기 위해서 오늘도 금채는 공부에도 힘쓴다. 날마다 발전되는 내 자신이 되고 싶어 목표를 하나 둘 점검하고 전진하는 중이다. 그리고 앞으로 다가올 미래를 생각하며 행복한 미소가 입꼬리를 올라 가게 한다. 노력과 더불어 내 입에서 나오는 말의 권세를 금채는 믿는다. 금채는 항상 긍정적인 말의 위력은 반드시 나타날 것으로 믿으며 미리 행복을 따 먹는 편이다. 우리 모두 파이팅! 하하하

삶의 솔솔한 재미

매주 목요일이면 금채는 대체의학을 공부하러 간다. 어제도 변함없이 공부를 하였다. 그리고 잠시 쉬는 시간에 나로 인해 대체의학에 눈을 뜨게 된 언니가 들깨죽을 가져왔으니 먹어 보라고 권한다.

그 언니의 남편은 한의원 원장님이다. 내가 대체의학을 연구하며 강의 기법에 대체의학적 지식을 살짝살짝 끼워 넣는 것에 관심을 갖고 있기에 그 언니와 함께 공부하는 길을 내가 주선 했다고 봐야 맞다. 그래서인지 언니는 공부가 자신에게도 많은 도움이 된다며 나에게 고마워한다. 하하 하하하!

어제는 공부를 끝내고 사무실로 돌아 오는데 유난히도 많이 쓸쓸했다. 항상 행복한 미소를 날리는 웃음전문가 금채이지만 사실 가끔은 고독함을 많이 느끼기도 한다. 그래도 감사한 것은 고독하고 쓸쓸함이 오래 유지 되면 나 자신만 손해임을 잘안다는 점이다. 언니의 따뜻한 마음이 담긴 들깨죽에 잠시 고독한 마음을 내려놓고 나 자신을 되돌아 본다. 들깨죽 한 사발 안에 담긴 언니의 따스한 사랑을 느끼며 말이다. 들깨죽을 받아 들고 오던 중 언니에게 문자를 보냈다.

금채; '언니! 정말 고마워요. 그 거리가 어딘데 금채를 위해 들고 와 주고…. 안 먹어봐도 언니 정성에 벌써 피가 되고 살이 되버리네…. 하하하하하'

그러자 언니에게서 즉시 답이 왔다.

언니; '아우! 인사성도 밝네. 먹고 나서나 연락할 줄 알았는데….'

금채는 동작이 민첩한지라 즉시 자판을 두들겨 글자를 만들어 잽싸게 언니에게 보냈다.

금채; '금채가 인사성도 바르고 싸가지가 쫌! 있자너…. 하하하하하!

사무실에 도착해서 먹는 들깨죽은 정말 별미였다. 전라도식으로 들깨죽에 토란대를 넣어 씹히는 맛과 들깨의 은은한 향이 화모니를 이루고 있었다. 정말 맛있는 들깨죽을 먹으며 언니에게 시식 소감을 문자에 담아 보냈다. 하하하하하!

금채; '언니! 맛이 예술이야. 정말 고마워….'
언니; '금채에게 그 소리 듣고파 멀리 까지 들고 갔잖니?

들깨죽을 먹고 안먹고를 떠나 이렇게 사람사는 냄새가 아닌가 싶다. 언니도 행복하고 금채도 덩달아 무척이나 행복한 날이었다. 들깨죽 한 그릇의 위력이 정말 대단했다.

그래서 혼잣말로 '세상은 아직도 살만한 곳'이라고 되뇌이며 입꼬리를 슬그머니 올려 본다. 하하하하하! 입꼬리를 내린다고 달라지는 세상이 아니기에 금채는 오늘도 입꼬리에 힘을 바짝주며 입꼬리만 아니라 예쁜 눈까지 활짝 웃으며 자기 최면을 걸어 본다.

'다 잘될거야~'
'난 행복할 수 밖에 없어!'

언제 생각해 보아도 웃음은 정말 좋다. 내 안에 웃음이 가득하니 어떤 위기도 술술 넘어갈 수 있다. 웃음의 힘 때문에 위기에 굴하거나 우울하게 살지 않고 행복을 외칠수 있는 마음의 여유가 더 생겨나니 말이다. 웃으며 살아가는 금채는 그래서 멋진 여성이다. 하하하하하!

금채표 휴가용 김치

맛나겠죠?

금채표! 열무김치 그리고 배추김치랍니다. 내일 떠나는 휴가 속에 함께 묻어갈 김치를 어제 밤에 금채가 정성을 다하여 담구었답니다. 울산 언니네랑 8식구가 함께 먹을 내일을 위해 맛나게 담구어 김치 냉장고에 고이 모셔 두었답니다. 호호호호호!

행여라도 군침 도시면 말씀하세요. 퀵으로 당장 보내 드리죠.

전라민국 여자라 꽤 맛나여^^~ 열무김치는 고추 갈아서 담구었구요. 언니도 금채표 김치를 이참에 전수 받는다는데 전수 받고 싶은 분 연락 주세요. 기꺼이 강의해 드리지요. 형부도 금채표김치를 꽤 좋아하셔서 일부러 자청해 담궜다.

금채 결혼전 부터 시작해 울산 언니네랑 휴가 함께 보내는것이 꽤 여러해인데 8식구 늘! 언니가 해주는 것만 받아먹던 금채! 이번이는 실력발휘 좀 하려구요. 언니가 음식 해먹지 말고 사서 먹자는걸..... NO! 이번에는 금채표 오리탕과 오리백숙으로 8식구 모두 골고루 보양시켜 보려구요.

세월이 흐르니 금채도 철이 들긴 드는군요. 8남매 막내라는 특권으로 받아먹는 맛만 누렸는데….

막내이신 분들!

이제는 설겆이도 거들고 음식 만드는 것도 참여 하세요. 너나 잘하라구요? 하하하하하하!

이 자리를 빌어 울산언니,형부에게 정말 고맙다는말을 전하고 싶다.

거의 매년 여름 휴가를 함께 하는데 꼼짝않고 늦잠이나 자며 주는거 받아먹기나 하는 금채 귀찮은 표정 한번 안짓고 늘 더 못해줘서 안달인 언니,형부에게 다시 한번 머리숙여 진심으로 고마움을 표한다.

천사 같은맘을 가진 울언니,형부 고맙고 감사하고 사랑해!!!호호호호 다방면에 그런 이쁜맘으로 살아가니 복받고 잘산겨!하하하하

모든분들 올여름도 건강하고 편안한 쉼이 되시길 금채가 간절히 소망 합니다.

휴가 잘 다녀올께요. ^^~

금채의 행복
에너지
팡!팡!팡!

4부 | 금채가
살포시 열어보이는
행복한 여자
금채이야기

4월 5일, 금채의 탄신일 축하꽃바구니와 함께...

오늘은 내가 명필이라 행복한가?

글은 그 사람의 성격을 담고 있다고 한다. 글을 반듯하게 잘 쓰는 사람은 행동거지가 반듯하다고들 한다. 금채가 부모님 자랑을 하는 것 같지만 사실 금채의 부모님은 명필이시다. 그래서 인지 우리 8남매 언니 오빠들 모두가 각자 본인들의 개성에 맞게 한결같이 명필이다. 하하하하하!

물론 금채의 필체 역시 괜찮은 편이라고 생각한다. 남편이 금채의 필체에 반하였을 정도니까 말이다. 게다가 금채는 글씨도 유전이라고 믿는 사람중 하나이니까…. 하하하하하!

지금도 기억이 생생한 어린 시절의 일이다. 금채가 공부할 때면 엄마는 언제나 내 옆에서 책을 읽으셨다. 그리고 내가 숙제를 할 때에는 글씨체를 바로 잡아 주시곤 했다. 엄마는 그렇게 금채의 가정교사 역할도 충실히 하셨다. 중학교 1학년 시절이었던 것으로 기억된다. 그때 내 필체는 별로 좋지 못했다. 우연히 내가 휘갈겨 써 놓은 노트를 보시고 어머니는 꾸중을 많이 하셨다. 그 이후로 금채는 이 모양 저 모양으로 글씨체를 개발하게 되었다. 그 결과로 지금은 자타가 공인하는 명필이다. 하하하하하!

글씨를 잘 쓴다고 크게 빛을 보는 것은 없지만 금채의 8남매는 모두 명필이기 때문에 글 쓰는 일이 생기면 갑자기 대담해진다.

사실 이 이야기는 우리끼리 알고 넘어가야 할 비밀이지만(^^) 주변에 필체가 나쁜 분들을 보면 조금은 달리 보이기도 한다. 하하하하하!

그래서 우리 아이들도 금채의 글씨를 부러워한다. 글쎄 어제는 아들 녀석이 엄마의 글씨체를 담고 싶었는지 "엄마! 글씨를 예쁘게 쓰는 법 좀 알려 주세요." 라고 하는게 아닌가? 그래서 아들 앞에서 으쓱한 마음으로 글자 몇 자를 적어주며 따라 쓰라고 했다.

아들이 몇 번 따라 쓰더니 이내 포기하고 만다. 그러면서 "무슨 글씨를 그리 어렵게 쓰냐" 면서 짜증스러워 한다. 하하하하하!

물론 글씨를 잘 쓰고 못 쓰고에 따라 세상사가 달라지는 것은 아니다. 필체가 나빠도 세상을 살아가는데 아무 문제는 없다. 하지만 기왕에 글을 쓴다면 남이 잘 읽을 수 있고 기분 좋게 볼 수 있도록 잘 쓰는 것이 낫지 않나 싶다.

이내 글쓰기를 포기하고 컴퓨터 앞으로 가 버린 아들에게 다가가서 다독거렸다. "사랑하는 아들! 글씨도 그 사람의 성품이 담긴 작품이거든? 그러니 꾸준히 연습하다 보면 아들이 원하는 예쁜 글씨체를 가질 수 있을 거야! 인내심을 갖고 정성들여 글 쓰는 훈련을 해 봐! 엄마도 수없이 글쓰는 훈련을 했거든!"

여기에서 잠시 어머님들께 제안하고 싶다. 자녀분들의 글씨체를 한 번 살펴보시라고 말이다.

글씨를 곧잘 쓰는 아이들도 있을테지만 심각한 아이들도 많을 것이다. 조금만 잡아주면 글씨 잘 쓴다는 소리를 들으며 아이들이 많은 자신감을 가지게 될 것이다. 무엇이든 자신감을 얻는 것은 좋은것이기에….

요즈음에는 아이들이 주로 컴퓨터를 다루기에 글씨는 별로 쓰지 않는다. 그러다 보니 아이들의 필체가 대부분 나쁜 편이다. 그래도 이왕이면 좋은 글씨를 쓰도록 지도해 주는 것이 훨씬 낫지 않을까?

부산에 가면 50여년 역사를 가진 명문 사립초등학교가 있다고 한다. 그 학교가 바로 남성초등학교이다. 그런데 그 학교는 아이들이 초등학교에 입학하면 줄긋기부터 가르친다고 한다. 그리고 일기장을 꼬박꼬박 쓰도록 가르친다. 선생님들은 날마다 아이들 일기장을 꼼꼼이 점검하고 글씨체를 바로 잡아 준다. 그래서 남성초등학교 출신들은 모두가 필체가 좋다고 하는 이야기를 국제웰빙전문가협회장이신 김용진박사께서 직접 그 학교에 전체 어머니회 대상으로 특강하러 가셨다가 교장선생님께 들었다면서 금채에게 전해 주어 알게 되었다.

아무튼 금채는 태어날 때 부터 명필 부모님을 만나 행복하다. 금채의 형제자매 8남매 모두가 명필이라 또한 행복하다. 이제는 금채의 두 아이들도 금채를 닮아 가고 있으니 더더욱 행복하다. 유치한 것 같지만 금채는 작은 글씨 하나에서 행복을 느끼고 있으니 천상 금채는 행복 에너지가 팡팡 터지는 여자 맞다. 하하하하하!

눈꽃 산행

어제 찜질방으로 갔다. 뜨끈 뜨끈한 불가마에 들어가서 땀을 쑤욱 흘리고 깜빡 잠이 들었다. 그리고 깨어 보니 새벽 2시가 다 되었다.

다시 불가마에 한번 들어가서 몸을 따스하게 하고는 샤워를 한 후 집으로 돌아왔다. 그리고는 정식으로 잠이 들었다. 새벽 알람이 울려 일어나려는데 머리가 심하게 아파 일어날 수가 없었다.

이런 경우에 금채는 대체의학 강의중에 들었던 민간요법을 사용한다. 우선 물을 끓여 머그잔 1/2잔+노니 소주잔 1잔+고춧가루 T스픈 1/2을 희석시킨다. 그렇게 만든 금채표 치료약을 따끈한 상태로 억지로 마신 후에는 손등을 3분가량 열심히 비벼주고 남편 품에 폭 안겨 땀을 내는 방법이다. 하하하하하!

그렇게 다시 잠들어 한 시간쯤 후에 일어나 보니 훨씬 개운해졌다. 대부분 감기가 걸리거나 두통이 오면 손쉽게 진통제를 먹거나 병원을 가게 된다. 그러나 금채는 대체의학을 공부한 이후로 진통제를 비롯한 의약품을 별로 좋아하지 않는 편이다.

진통제는 우리 몸에 들어가서 세포를 급속하게 냉동시킨다.

그 순간 약기운으로 인해 통증이 사라진 듯 착각하게 만든다. 그런데 진통제의 효과가 떨어지면 다시 통증은 나타난다. 진통제는 치료제가 아니라 세포를 한순간 멍청하게 만드는 바보약일 뿐이다.

우리의 몸은 나이 들어 병에 걸리는 것이 아니다. 평소에 우리가 아무 생각없이 쉽게 구할수 있는 다양한 약들에 의해 세포가 병들고 노화되는 것이다. 사실상 진통제를 비롯하여 상당수의 약들은 의사들도 인정하듯이 잠시 통증을 잊게 할 뿐이지 원인해결을 해주지는 못한다. 그래서 금채네 집에는 상비약을 별로 갖추어 놓지 않는다.

금채는 냉장고에 숙성된 100%원액 노니를 비치하고 있다. 그래서 필요할때에 노니 원액을 이용한다. 만일 노니를 구하기 힘들다면 노니대신 콩나물국을 따끈하게 끓여 고춧가루를 매콤하게 해서 한사발 원샷해도 좋다. 그리고 나서 이불속에 들어가 땀을 쭈욱 내어 주면 약을 먹지 않아도 거뜬해짐을 느낄 수 있을것이다.

금채가 말하는 이 방법은 몸살이나 감기가 진행됐을 때 보다 감기 초기에 이용해 보면 많은 도움이 될 것이다. 실제로 이 방법으로 효과를 보았다는 분들이 제법 있으니 믿을만한 민간요법이라고 하겠다.

또 하나 방법을 소개한다면! 손등 마사지이다. 이 방법은 손등을 3분간 애가 터질 정도로 비벼 주는 방법이다.

손등을 열심히 비비다 보면 경락의 흐름으로 등쪽이 따뜻해진다. 감기 걸릴 때는 등을 따뜻하게 해주면 더 빨리 감기가 도망감을 느낄 수 있을 것이다. 이 방법으로 감기 초기에 금채는 종종 효과를 보곤 한다.

물론 모든 약이 꼭 나쁜것만은 아니다. 꼭 약이 필요한 경우에는 마다 하면 안 될 것이다. 그러나 웬만하면 민간요법으로 우리 몸에 해가 되지 않는 방법을 선택하는 것도 좋은 방법이 될 것이다. 가급적 세포를 병들게 하는 독성이 강한 약물은 삼가하는 지혜가 필요하다. 금채표 민간약 이야기는 이쯤에서 마무리를 하고…. 하하하하하!

교회를 다녀와서 떡국을 맛있게 끓여서 먹고 커피를 마시는데 남편이 산에 올라가잔다. 아직 머리가 땅한 여운이 있는 아내를 데리고 산으로 가자는 남편의 사랑스러운 마음을 어찌 금채가 나 모른체 할 수 있을까? 잠시 망설이다가 '에라 모르겠다' 하고 따라 나섰다.

그날따라 며칠 전에 내린 폭설이 아직 녹지않았다. 얼어붙은 눈으로 인해 산을 오르기가 무척 힘이 들 정도였다. 그래도 우리 부부는 열심히 산 정상까지 올라갔다. 그리고 둘이서 막걸리를 1병씩 사이좋게 나누어 마시고 콧노래를 흥얼거리며 내려왔다. 그러다 보니 언제 머리가 아팠느냐는 듯 개운해져 있었고 기분까지 날아갈 듯 상쾌했다.

정말 베리굿이었다. 겨울 눈꽃 산행을 하면서 오늘 이 산행에 대해 자연과 남편 그리고 하나님께 감사하는 마음이 저절로 생겨났다. 아름드리 소나무 가지에 소복 소복하게 쌓인 백설기같이 예쁜 눈 꽃들은 우리 부부를 그렇게 반겨 주고 있었다.

자연도 우리에게 이렇게 기쁨을 주는데 금채도 자연과 함께 하는 사람들에게 유익을 주는 더 멋진 삶을 살아야 되겠다고 결심하는 또 좋은 기회가 되었다. '그래! 정말 럭셔리한 삶은 나 자신만의 기쁨이 아니라 이웃과 함께 기쁨을 누리는 삶인게야! 금채는 럭셔리한 여자답게 멋지고 우아한 삶을 살아갈거지?

럭셔리한 '삶'을 살아가기로 다짐하는 금채

불량주부가 알뜰녀로?

금채는 퇴근길에 마트를 자주 들른다. 물론 대부분 필요한 것만 구매하지만 가끔 마음에 드는 것이 눈에 보이면 즉흥적으로 사들이는 충동구매선수이기도 하다. 하하하하하!

그런데 그랬던 그녀가 어제는 4천원도 안되는 어묵 한봉지를 사들고 그것도 봉투값 50원을 아끼려고 어묵 봉지 달랑 달랑들고 버스를 탔다는 것이 아닌가? 럭셔리가 트레이드 마크인 금채에게서 그런 모습은 정말 보기 드문 현상이었다. 하하하하하!

그러나 극 소박해진 금채의 그런 모습이 싫지는 않았다. 사실 작년까지는 내 수입 전부를 집에는 한 푼도 주지 않고 금채 혼자 실컷 쓰면서 살았다. 마음 내키는 대로 여기 저기 아이 쇼핑을 하다가도 눈에 띄는 것이 있으면 사기도 하며 하고 싶은대로 누리며 살았다.

하지만 올해 들어와서 우리 집에 목돈이 들어 갈 일이 생겼다. 그래서 남편 왈!!! "이제는 내 능력의 한계가 여기까지인 것 같다."고 하는게 아닌가? 큰 소리칠 입장도 아니면서 나는 "걱정마! 지금까지 하던대로만 하세요."라고 했다.

여태 우리 가족을 위해 금채 남편은 고생을 많이 했다. 그러니 금채도 이제 가정에 도움이 되어야 하지 않겠는가? 그래서 지쳐있는 남편을 위로하고 그날부터는 정신 차려 돈을 조금씩 절약하는 중이다. 알뜰녀랑 상관없이 여태까지 잘 살게 해 준 남편께 고마웠다. 매사에 호기심이 많고 멋 낼 수 있는 모든 부분이라면 그래도 관심이 많은 금채가 반성할 수 있는 기회를 준 남편에게 고마웠다.

그래서 금채는 올해부터 새로운 계획을 하나 더 추가했다. 그것은 절약하는 삶을 살아 보자는 것이다. 마음을 잡고 차분히 절약하면서 내가 번 돈을 가정에 보태는 기쁨도 누려 볼 것이다. 그리고 남편에게 경제적인 힘도 되어 주는 기쁨을 안겨주고 싶다. 나는 남편에게 가끔 이야기를 했었다. 남편이 젊어서 우리 가족을 위해 고생했으니 남편보다 싱싱하고 젊은 금채가 남편 노후는 책임질거라고 말이다. 하하하하하!

사실 말은 그리 했지만 암담하기는 하다. 그동안 써 왔던 가남지기가 있는데 말이다. 하지만 할 수 있다는 자신감을 보여 주기 위해 이 글을 쓴다. 그래서 그 동안 갈고 닦은 실력을 더 연마해 살아 계신 하나님께 기도해 가며 매사에 더 열정적으로 임할 생각이다. 목표를 설정하고 그곳에 열중하다 보니 새해부터 좋은 일이 생길 조짐들이 많이 보이고 있다.

그러니 금채가 열심히 살라고 응원해 주실거죠? 하하하하하!

그렇지만 요즈음은 열심히만 살아서 되는 세상은 아니라고 생각한다. 물론 열심은 기본이다. 거기에 자기만의 독특한 아이템이 따라 줘야 지만 험난한 세상을 이겨 낼 경쟁력이 된다. 다행스럽게도 금채는 연구 하고 실천하고 노력하는 것을 정말로 즐기는 여성이다. 금채는 감나무에서 홍시가 떨어지기를 기다리지 않는다. 홍시가 더 빨리 되도록 최선을 다하는데 매력을 갖는 여성이다. 그것이 금채가 갖는 매력이기도 하다. 하하하하하!

〈금채의 행복에너지 팡팡팡'〉

독후감 공모합니다.

행복한 세상 , 행복한 삶, 행복한 에너지
도서출판 행복에너지에서 발행한
〈금채의 행복에너지 팡팡팡'〉 을 읽으시고
후기를 올려주신 분들 중 총 **일천일백십일명** 을 선정하여
상장과 상품을 드리오니
많은 분들의 적극적인 참여 부탁드립니다.

자세한 내용은 292페이지를 참고바랍니다.

불이야~~~~~~~~~

요즈음 금채는 새벽 기도회를 다닌다. 매년 이맘 때가 되면 금채에게 새벽 기도회는 연례 행사인 셈이다. 새벽기도를 마치고 귀한 말씀에 감사하며 돌아오는 길에 연기가 자욱한 집을 발견했다. 깜짝 놀라 가까이 다가가 보니 떡집에서 나온 연기였다. '흐미! 놀래라.'

항상 그쪽을 잘 지나치는데 그 연기는 떡을 만드느라 나오는 수증기였다. 그 수증기 속에 이른 새벽부터 열심히 일하시는 떡집 주인 할머니의 평화로운 모습이 보였다. 열심히 일하고 잠시 쉬는 할머니의 모습은 정말 평화로움 그 자체였다.

연세가 제법 되신 듯 한데도 새벽을 깨우며 그날 팔 떡을 만드시느라 한결같이 일찍부터 일하시는 모습이 보기 좋았다. 그 할머니의 모습은 금채가 걸어가는 새벽을 풍요롭게 만드는 또 하나의 풍경화였다.

금채는 잠꾸러기이다. 체질이 그런가 보다. 만일 원하는 만큼의 잠을 자지 못하면 아침에 일어나는 일이 정말 많이 힘겹다. 그리고 하루 종일 맥을 못 쓰는 편이다. 하하하하하!

그래서 조금은 창피한 이야기이지만 새벽기도는 내 마음대로 주5일째로 해서 월~금요일까지만 가고 토요일과 주일날은 푸욱 잔다. 그래도 철없는 듯한 이런 금채가 나는 참! 좋다. 하하하하하!

금채는 변함없이 행복하다. 금채의 기도를 변함없이 들어주시는 하나님이 살아서 금채와 함께하고 계시니 말이다. 혹시라도 기도가 필요한 분은 금채에게 살짝 귀뜸 좀 해 주시라! 금채가 하나님께 빽을 조금 써 볼 수도 있을테니까 말이다. 하하하하하!

어린시절의 구정을 회상하며

살다보면 재미있는 일들도 많다. 그런데 우리는 그런 일들에 대해 아무 생각없이 지나치거나 무관심할 수 있다. 조금만 관심을 가지고 본다면 발견할 수도 있을텐데 말이다. 며칠 전 아침에 있었던 일이다.

방 공기를 환기시키기 위해서 창문을 활짝 여는데 여섯살 쯤 되어 보이는 애 엄마가 걸어가고 있는 것이 아닌가? 모습만 어린아이이지 어른처럼 등에 아기를 업고 그 위에 아기가 추울까봐 타월까지 두른 모습이 완전 새댁을 닮았다. 아이가 원해서 아이 엄마가 아이 등에 인형을 업어 주었나 보다. 하하하하하!

아무튼 나는 그 모습을 보고 큰 소리로 웃고 말았다. 내 웃음 소리에 가족들이 깜짝 놀라 달려왔다. 그리고 그 아이의 모습을 보고 모두가 배꼽을 잡고 한참이나 웃었다. 너무나 귀여운 모습이었다. 그 아이는 그날 아침 우리 집 식구들 모두에게 웃음을 선물하는 산타크로스였던 것이다. 귀여워라~

사실 금채도 8남매의 막내로 자라다 보니 동생이 없어 동생에 대한 그리움이 많다. 금채의 친구들은 거의 모두 동생들이 줄줄이 있다.

그러나 금채는 늦둥이인데다가 언니들하고 나이 차이가 제법 많고 또 언니 오빠들이 장성하여 일찍 타지로 나가 생활했다. 그러다 보니 부모님과 생활하여야 했기에 동생이 있는 친구들을 무척이나 부러워 했던 기억이 난다.

그래서였을까? 때로는 친구들의 동생을 대신 등에 업고 다니며 놀기도 하며,베개를 인형을 업고 다니곤했다.그리고 동생들이 있는 친구들 집에 자주 놀러 다니기도 했다. 그만큼 동생이 있으면 좋겠다는 생각이 들었기 때문이다. 아무튼 금채는 지금까지도 아이들을 무척이나 좋아 한다. 하하하하하!

이제 며칠이 지나면 구정 명절이 된다. 금채가 자란 전라민국에서는 명절 때가 되면 음식이 무척 풍성했었다. 명절 때가 되면 자녀들 8남매가 모두 모이게 되므로 엄마는 명절 준비로 인해 무척이나 분주하셨다.

지역마다 사투리라서 다르게 표현하지만 금채가 자란 시골에서는 광을 마루라고 표현했다. 엄마는 멀리서 오는 자식들을 실컷 먹이고 돌아갈 때 잔뜩 싸 보내기 위해 며칠전부터 마루 안에 다양한 종류의 음식들을 많이 만들어 저장하셨다. 그래서 마루에 들어가면 온통 엄마의 정성이 가득 담긴 별미들이 채반들마다 수북하게 담겨 있었다.

지금도 그때 즐거운 미소를 보내며 일하시던 엄마의 모습과 마루안에 가득했던 음식들이 하나도 잊어지지 않고 생각난다. 그 중에서 도시에서는 보기 힘든 음식들이 있는데 하나를 소개하자면 말린 생선 조림이다.

전라도에서는 싱싱한 생선을 삐득하니 즉 반 쯤 건조시킨다. 그리고 갖은 양념으로 어우러진 양념장을 그 생선 위에 바른다. 그 후에는 아궁이에 불을 때고 나서 남은 재의 열기로 그 생선을 굽는다. 마치 황태구이처럼 말이다. 워메~ 군침 돈거… 이젠 엄마의 달착지근한 그 생선구이 맛을 구경조차 할 수가 없으니 안타깝다.

어디 그뿐인가? 엄마는 쑥떡도 잘 만드셨다. 자식들이 집에 오면 곧 바로 먹을 수 있도록 쑥떡을 먹기 좋은 크기로 만드셔서 콩가루에 버무려 담아 놓으셨다. 또한 어린아이 엉덩짝 만큼 큼직하고 납작하게 만들어 언니, 오빠를 싸줄것도 크게 만들어 놓으셨다. 그래서 명절 전 금채네 집 마루안에는 조청 다식 두부 쌀과자 수정과 엄마표 형형색색의 과자와 과일 등 등 하도 오래전 일이라 모두 기억은 못하지만 자식들을 그리워 하며 사랑하는 엄마의 모든 것이 담겨져 있었다.

시골에서 살으셨지만 금채의 엄마 음식 솜씨는 요리사를 능가하는 출충한 실력이셨다. 엄마는 금채에게 맛있는 것들을 종종 만들어 주셨고 금채는 엄마가 만들어 주신 별미들을 들고 다니며 친구들과 맛있게 나누어 먹기도 했다. 금채의 입을 늘 즐겁게 해 주었던 어머니의 사랑이 다시금 오브랩 된다.

금채는 가끔 혼자서 옛 추억을 더듬으며 행복해 한다. 누구라도 과거에 대한 추억이나 가족에 대한 좋은 기억들이 있겠지만 금채의 뇌리속에는 아름답고 행복한 어린 시절들이 가득 차 있으니 역시 금채는 태어날 때 부터 행복이 팡팡 넘치는 행운아임에 틀림이 없다고 생각한다. 아! 어린 시절을 반추해 볼수록 왜 이리도 즐겁고 행복한걸까?

언제나 행복을 추구하며 행복해야만 직성이 풀리는 금채! 오늘도 옛 추억 안에 잠자고 있던 철 지난 행복을 끄집어내어 놓고 행복해한다. 이렇게 금채는 옛날의 행복도 현재의 행복으로 바꾸어 쓰는 사람이다. 하하하하하!

금채는 정말 복도 많다. 좋은 부모님을 만나서 일찍부터 금쪽같이 대접 받으며 자랐으니 그만한 행복도 어디에 있을까? 자라서는 좋은 남편 착한 아이들까지 덤으로 금채의 면류관이 되어 있으니 금채는 정말로 행복 또 행복한 여성이다. 이렇게 행복에 겨워 즐거워하는 금채에게는 미래 역시 행복 할 것이라고 확신한다.

 '암! 모든 일이 다 잘 될거야! 암! 그렇구 말구!'   하하하하하!

잠재력의 기적

'까치 까치 설날은 어저께고요.
우리우리 설날은 오늘이래요.'

"구정 새해에 복 많이 받으세요!
금채도 배꼽 인사가 아닌 큰 절을 올립니다."

금채가 즐겁게 살고 있는 우리 동네는 5일장이 서는 멋진 곳이다. 명절 끝이라 그런지 동네 골목마다 북적거린다는 느낌이 드는데 금채는 한가롭게 컴 앞에 앉아 놀고 있다. 이렇게! 하하하하하!

이번 구정은 짧지만 독서삼매경에 빠지려고 한다. 지난번 책 한 권을 선물받아 아주 많은 부분을 책 속에서 찾아내어 강의중 에 잘 써먹었는데 이번에는 6권이나 선물을 받았으니 읽을 거리가 제법 많이 쌓였기 때문이다.

금채는 독서를 좋아한다. 그러다 보니 서점에도 종종 들러 책을 자주 사서 읽는다. 금채의 독서 습관은 좀 유별나다. 동감이 가는 부분에는 밑줄 쫙에 필요한 부분은 접어 두고 떠오르는 생각은 여백에 낙서같이 적어 둔다.

그러다 보니 남의 책을 빌려보면 좀이 쑤셔서 책보는 묘미를 잘 느끼지 못한다. 하하하하하!

금채는 정보통이라 자처한다. 아니 신속한 최신 정보를 좋아한다. 그래서 언제나 신간을 구해서 읽는 편이다. 그런데 이번에는 오래된 책을 접하게 되었다. 그러면서 꼭 신간만 고집하던 고정관념을 깨트리게 되었다. 오래된 책은 유행이 지났을테고 그래서 조금은 덜 도움될 거라는 금채의 착각이 바뀌고 있기 때문이다.

금채는 근래에 오래 된 책에서 더 큰 향취를 느낀다. 오래된 책에 정감을 누리며 틈틈이 독서에 열중한다. 이번 명절에는 6권이나 읽을 수 있으니 금채는 부자가 된 기분이다. 먹고 마시고 그냥 떠들며 허송세월 하는 명절이 아니라 알찬 지식으로 부자가 될 기회이기 때문이다. 아싸!~

이번에 읽을 책 가운데 눈에 쏘옥 들어오는 제목이 있다. 그래서 그 책을 먼저 읽고 있는데 그것은 「잠재력의 기적」 이라는 책이다. 거의 다 읽어 가는데 내용이 정말 짱이다. 잠재력의 중요성을 누구나 잘 알고 있겠지만, 잠재력을 제대로 활용하면 무한한 가치창조로 인하여 재테크까지 가능하다는 사실을 사람들은 종종 간과한다. 그러나 금채는 잠재력의 무한한 폭발력을 알기 때문에 이 책을 읽으면서 순간 순간 가슴이 벅차 오르고 있다.

사실 금채가 독서를 즐겨하기 시작한 것은 겨우 10여년 전 부터이다. 어린 시절을 회상해 보면 금채의 엄마는 늘 책과 함께 하셨다. 엄마가 금채에게 남겨 주신 독서하시던 그 모습이 지금도 눈에 선하다.

엄마는 연로하심에도 불구하고 매일 같이 성경을 읽으셨다. 그리고 금채가 결혼할 즈음에는 「탈무드」를 직접 사다가 그 첫 페이지에 '결혼하는 딸에게' 라고 반듯하고 예쁜 글귀를 자필로 써 주시며 그렇게 지혜롭게 살도록 노력하라고 말씀하셨다.

그런 엄마의 모습을 보며 자란 까닭일까? 나이가 들어가는 금채에게서도 엄마의 그런 예쁜 모습이 조금은 보여져서 참 감사하고 행복하다. 사실 부끄러운 고백이지만 30대 이전에는 독서와 공부가 별로 재미 없었다. 하하하하하!

학창시절에 다른 친구들에 비해 엄마는 금채에게 공부 할 수 있는 좋은 환경을 아주 잘 만들어 주셨다. 시골 친구들에게는 모든 교과서에 해당 하는 참고서를 가지는 것이 가장 부러운 일이었다. 그런 시절에 엄마는 금채에게 돈을 아끼지 않으시고 전과목에 해당하는 참고서를 사 주셨다. 그것은 금채가 공부에 흥미를 가지게 하시려는 의도였던 것이다.

그리고 대부분의 친구들은 엄두도 못내던 학원에도 보내 주셨다.

특히 시험기간이 되면 새벽기도회에 가시면서 맛있는 간식을 내어 놓곤 하셨다. 그럼 나는 엄마가 챙겨주신 맛있는 간식을 먹고 공부는 하지 않고 다시 이불 속으로 들어가 잠들어 버렸던 적이 한 두 번이 아니었다. 하하하하하! '엄마! 그때 죄송했어요.'

이제 결혼해서 아이들이 공부하는 상황이 되니 부모의 마음이 이해가 간다. 공부 안 하는 것도 유전인가? 이런 이야기하면 집안 망신이겠지만 열공하고 있는 나를 보며 아들은 묻는다.

"엄마는 공부가 재미 있으세요? 독서가 재미 있으세요?"

아직까지 금채 아들은 열심히 공부를 하지 않는 것 같다. 그러나 걱정하지 않는다. 바르고 곧게 인성이 잘 된 사람으로 자라주기만 하면 반드시 성공할테니 말이다. 대신 부모로서 열심히 잘 살아가는 모습을 보여주면 아이들도 잘 자랄 것이다.

금채는 욕심이 많다. 적어도 120세까지는 살고 싶다. 물론 3가지 조건이 있다. 건강하고 럭셔리하고 그리고 행복하게 살아야 한다는 조건이다. 금채는 그런 미래를 위해 오늘도 건강과 럭셔리와 행복을 하나씩 만들어 가는 중이다. 여러분! 그런 행복을 갖고 살아가는 금채가 예쁘지 않나요? 하하하하하!

금채의 감사 일기

금채를 아는 대다수 사람들은 금채를 아주 행복한 여자로 생각하고 평가해 준다. 고마운 일이고 감사한 일이다. 그런데 사실 그렇다. 행복은 생각하기 나름이니까 말이다.

특히 금채는 하나님을 믿는 신앙인이다. 그래서 금채는 '말의 권세' 를 믿는다. 금채는 언제나 긍정적인 표현으로 나 스스로를 무장시킨다. 나의 넘치는 행복에 교만해 하는 것도 물론 금지 사항이다. 그래서 늘 자만하지 않을려고 노력한다. 또한 금채는 늘 기도에 힘쓴다. 금채의 기도 내용은 대부분 이런 내용들이다.

"하나님! 금채 닉네임이 럭셔리잖아요?
여태까지 그리 살아왔듯이….
언제나…. 특히 노년에도 럭셔리한 삶이길 간절히 원해요"

여러분도 '말의 권세' 를 믿고 자신을 위해 항상 긍정을 외쳐 보시라. '외치지 않는자' 는 받을 권한이 없다고 금채는 생각한다. 금채는 행복하기 때문에 행복을 기다리지 않는다.

금채는 행복을 찾아 나서고 또한 행복을 만들어 나간다.

금채는 행복을 추구하고 또한 행복을 지키기 위해서 꾸준히 노력하고 애쓴다. 세상에 그 어느 것도 그냥 된 것은 없다. 일군의 노동력과 발자국 소리만큼 풍년이 되듯이 금채의 인생도 가꾸는 만큼 성공의 반열에 올라설 수 있다고 믿는다. 그러다 보니 금채는 좋은 소리를 종종 듣는다.

 "신수가 훤해요."
 "행복이 얼굴이 쓰여 있군요"
 "뭐든지 잘 하실거 같아요."
  ….

금채에게 이렇게 좋은 덕담을 주시는 모든 분들께 감사드린다. 태어나서 지금껏 인생이 행복한 여자! 노년 또한 럭셔리하고 행복가득할 여자! 언제나 누구 앞에서나 멋진 여자! 어디서나 무엇을 하거나 당당한 여자! 그녀가 바로 미소천사 금채이다. 하하하하하!

정이 그리워

며 칠전 사랑하는 아들에게서 문자가 왔다.

아들; '엄마! 초코파이 사오세요.'
나; '왜???
아들; ' 정이 그리워서!'
나; '그래? 그럼 엄마 정이면 안될까???'
아들; '아니! 초코파이 정이 그리워'

하하하하하! 아들은 평상시에 초코파이를 안 먹는다. 그런데 갑자기 문자로 엄마를 한참동안이나 웃겼다. 엄마를 웃겨주는 아들이 있으니 이 또한 행복하다. 하하하하하!

금채가 웃음을 접하고 웃음강사로 활동하다 보니 금채네 가족 모두에게도 웃음은 전염되고 말았다. 그래서 우리 가족이 주고 받는 유머는 상당부분 국경을 뛰어 넘는 재미있고 활기찬 유머들이다.

집으로 가면서 마트에 들렀다. 아들이 먹고 싶다던 초코파이가 제일 먼저 눈에 들어 왔다. 이왕 사는 거 이것,저것 몇 개 더 사왔더니 아들과 딸이 간만에 먹는 초코파이 맛에 감동인가 보다. 정말 맛깔스럽게 먹어 치운다.

하하하하하!

오늘은 출근길에 고등학생으로 보이는 남 녀 아이들을 보게 되었다. 그런데 그 아이들의 얼굴에서는 하나같이 미소를 찾아 볼 수 없었다. 어떤 아이는 얼굴에 여드름이 잔뜩 나 있었고 인상은 울상이었다. 피부가 조금은 덜 예뻐도 웃고 다닌다면 여드름 난 얼굴도 멋지게 보일텐데 그러지 못해서 무척이나 아쉬웠다.

그런데 아이들 뿐이 아니었다. 차창밖으로 보여지는 남녀노소를 살펴 보았더니 거의 모든 사람들의 입꼬리가 내려와 있었다. 사람들이 살기에 지쳐 있다는 생각이 들었다. 억지로라도 웃을 마음의 여유가 없는 것일까? 하루 하루를 살아가야만 하는 그들의 삶의 자리가 너무 고단하기 때문일까?

인간의 뇌는 어리석은 부분이 있다. 그것은 억지웃음에도 속는 다는 사실이다. 억지로라도 웃으면 뇌는 즉각적으로 몸에 유익한 호르몬들을 마구 내어 준다. 세레토닌 엔도르핀 다이돌핀 도파민 같은 호르몬들이 바로 그것이다. 이 호르몬들이 우리 몸 세포들 구석 구석에 뿌려지게 되면 곧장 행복과 기쁨과 감사와 감격과 감동의 감정들이 불붙게 된다. 그렇게 되면 생기가 넘쳐나게 되고 질병도 떠나가게 되는 것이다.

웃음! 그것은 만물의 영장인 인간에게 하나님이 특별히 입력해 주신 특별한 선물이다. 개는 웃지 못한다. 소도 원숭이도 웃지 못한다. 물고기도 날짐승도 웃지 못한다. 그러나 사람만은 웃을 수 있다. 사람은 웃을수 있기 때문에 만물의 영장이 되는 것이다.

웃음! 그것은 대단한 능력을 나타내게 하는 원동력이다. 그래서 하나님은 항상 기뻐하고 감사하라고 하셨다. 기뻐하고 감사하는 사람에게 복을 주신다고 약속하셨다. 그런데 금채는 그 말씀을 알면서도 가끔은 잊어 버린다. 어떤 일에 집중하다 보면 입꼬리가 무심코 내려가 있다. 그래서 의도적으로 입꼬리를 올리는 훈련을 게을리 하지 않는다. 하하하하하!

지금 당장 당신의 입꼬리를 거울로 쳐다 보시라. 당신의 입꼬리가 내려가 있는가? 그렇다면 당장 입꼬리를 올리시라! 그리하면 반드시 웃음이 가득해지고 행복한 얼굴이 될 것이다.

사실 금채의 얼굴은 예쁜 얼굴은 아니다. 그러나 금채는 웃음을 알기전 부터도 언제나 웃는 얼굴이었다. 그래서 금채를 아는 분들은언제나 금채에게 예쁘다는 표현을 종종 하셨다. 예쁘게 생겨 예쁜것이 아니다. 늘 웃는 얼굴이다 보니 웃음이 금채를 예쁜 사람으로 보이게끔 만들어 준 것이다.

웃음은 사람의 얼굴을 밝게 하고 훤히 빛나게 만든다. 이 세상에 보름달을 싫어하는 사람이 어디 있을까? 웃음 가득한 얼굴을 못난 얼굴이라고 면박주는 사람이 어디 있을까? 웃음으로 일하고 웃음으로 만나주는 사람 앞에서는 마음도 열리고 일거리도 생기게 되는 법이다.

금채는 천연화장품을 쓴다. 그 화장품은 매우 비싼 고가의 화장품이다. 금채가 추천하는 화장품은 금채의 얼굴을 예쁘게 보이게 만드는 천연화장품이다. 그래서 금채는 요즈음 그 화장품을 열심히 팔고 있다.

금채가 팔고 있는 천연 화장품은 무엇일까? 웃음이다. 금채를 바라 보는 분들은 '나이를 거꾸로 먹는다', '볼 때마다 예뻐졌다' 는 등 예쁜쪽으로 포커스를 맞추어 칭찬들을 하신다. 그분들이 금채가 듣기 좋으라고 하시는 말씀이기도 하겠지만 사실이기도 하다. 하하하하하!

웃음은 천연화장품이다. 웃음을 습관화하면 금채처럼 덜 예뻐도 예쁘다는 소리를 듣고 살 수 있다. 그래서 웃음은 복을 만드는 지름길이요 보약중의 보약이 되는 것이다. 우리 모두 얼굴을 활짝 펴고 힘차게 즐겁게 멋진 미소를 날리며 살아가자. 하하하하하!

금채의 이야기

오늘은 금채!탄신일.. 하하하하하

사랑하는 금채!
부모님께서 이렇게 좋은계절에 낳아주셔서 어딜가나 아직 까지도
사랑 듬뿍 받으며 행복하게 잘살아갈수 있음을 감사드린다.

간밤에 미소가 묻는다. 엄마!아침에 몇시에 일어나?음!7시!!!~하며 잤다.
아침! 잠결에 맛있는 내음이 솔솔 코끝을 자극한다. 5분전 7시 미소가
깨운다. 엄마!일어나 밥먹으라고...하하하하

나가보니 손수 끓인 미역국에 각종 전!까지 얌전하게 맹그러 한상차려
냈다. 하하하하하

햐!아침에 그렇게 깨워도 일어 나지도 않는 아이가 일찍 일어나 엄마를
위해 진수성찬을 준비 한거다.

20살되더니 제대로 철이 들었나보다. 하하하하하

기분좋게 출근 준비를 하는데 편지가 있었다. 미소가 쓴거였다. 우리
엄마로 태어나줘서 고맙고,젊고 말잘통하고 이해심많고 엄마 만큼은
진짜 잘만난거 같으며 세상에서 가장 친한친구가 엄마랑 딸이며 평생
자기 곁에 있으라는둥...돈많이 벌어 호강시켜 준다는둥.....다양한
속깊은 이야기에 눈시울이 붉어져 혼났다. 하하하하하

정말 엄마에게는 딸이 꼭!필요한것 같다.난 전화통화를 할때마다 끊기전 사랑해...알라뷰...하며 마무리를 하는게 좋았던지 엄마는 늘 사랑해 하는데 난 쑥스러워 못했는데 편지로 맘을 전한다며 진짜 사랑하며 진심으로 엄마에게 많이 많이 고맙단다.하하하하하

아!~행복하여라...이맛에 참고 사나보다.하하하하

정말 기쁨가득한날이다.더욱 엄마로써 본이 되어 미소의 거울로써 손색없이 살아 갈것을 다짐해본다.참!생각하기 따라 세상은 다방면 으로 살만한 세상이다.이쪽 저쪽에서 좋고 행복한것을 찾아 누리면된다. 구지비 좋지 않는 것들 끄집어 내어 인상 쓰며 살일이 뭐가 있으랴? 웃고 즐기며 살기에도 모자란 세상에...하하하하하

좋으면 좋은데로 슬프면 슬픈데로 나에게 주어진 상황들을 즐겨버리자. 좋은때도 지나가며 슬픔도 지나가며 모든건 돌고 도는세상사에 연연 하지 말고 행복찾아 기쁨찾아 좋은게 좋은거란 생각으로 살아가다보면 인생길 술술 풀려 기쁨가득 넘쳐 날것이다.오늘부터 무조껀 희망차고 기쁜생각만 해보세요.분명 인생길에 입이 귀에 걸릴날들이 무성할테니 실천 했는데 귀에 걸릴일들이 생기지 않으면 금채에게 오세요.정확한 방법을 제시해 알려 드리지요.금채는 언제나 행복해 입이 귀에 걸려 있는 장본인 이기에 충분히 정답을 드릴수 있답니다.

나는 행복합니다.정말 정말 행복합니다.하하하하하하하

나의행복 비결

컴을 끝내고 막 일어 나려는 찰라 울집 강아지 뽀송이가 내 무릎에 철퍼덕 앉자 자버린다. 맘! 약한 금채! 씻으려다 다시 주저 안자 글을 쓴다. 하하하하하

요사이 행복일기를 안쓰니 울뽀송이가 글쓸기회를 주나보다 어제 나들이 가셨던 지인분께서 금채를 주려고 봄꽃을 아름들이 꺾어 오늘 전해 주려 했는데 예쁜꽃들이 시들어 버려 속상함을 이야기 하신다. 금채카페에서 많은 위로와평안을 얻으셔서 삶이 회복 되어져 가심에 고마움의 표현을 하고 싶으셨단다.

참! 감사하며 감동이였다. 불혹의 나이가 되고 보니 어지간한 것들은 거의 갖추고 살아가기에 값진선물보다 상대방의 마음이 가득 담긴 선물이 최고 인것 같다. 웃음,행복전도사로써의삶이 난 참 감사하며 행복하다. 행복거지,사랑거지들을 행복이, 사랑이 가득할수 있도록 끌어줌이 참! 복되고 행복부자의 즐거움이요,큰기쁨이다. 그래서 난! 하루 하루가 참! 행복하다. 왜? 남보다 행복한 생각을 많이 하기 때문에...하하하하하

그런 난 늘 좋은일만 가득 한가? 아니다. 내가 웃는게 웃는게 아닌 먹구름 낀날도 많다.

하지만 그 먹구름을 오래 두지 않고 재빠르게 걷어 버리는게 나의행복 비결이다.

먹구름이 끼어 불행하다고 느끼시나요?요즘 힘들지 않는자 아무도 없을 겁니다. 편안하고 안락한삶은 단순히 쉬울수 있겠지만 무미건조하며 재미 없잖아요?시련과고난은 곧! 나를 만들어 나가는 단계이다. 이터널을 지나고 나면 어떤 기쁨 가득한일이 생겨날까?하는 훗날을 기대하는삶! 참 좋죠. 잉!하하하하하하

내일 새로운 한주 시작 금채에게 어떤 재미난일이 기다리고 있을까? 기대를 하며 내일을 맞이 해야겠네요. 여러분은 어떤 기대를 상상 하시나요. 상상하시는 대로 기대치가 만족한 결과를 가져다 주는 한주간 되시길 간절히 소망드립니다.

좋은일이 있으리라 크게 있으리라. 하하하하하하

난 언제나 좋은일이 내주변에 가득하다. 진짜다. 하하하하

금채의 행복
에너지
팡!팡!팡!

5부 │ 살다보면
한번쯤은 누구나
생각하는
금채의 보석같은이야기

2011년 6월 30일 김동길박사님과 함께...

또 다른 식구 뽀송이

금채 집에는 4식구 말고도 또 하나의 식구가 있다. 그 식구가 뽀송이라는 강아지이다. 가끔 아무데서나 실례를 하는 것 외에는 제법 자기관리를 잘 할 줄 아는 재롱둥이 1호이다. 그런데 금채가 아침에 눈을 뜨니 평소와 달리 뽀송이가 휴가 떠날 여행 가방속에서 머리만 내밀고 힘겹게 자고 있는게 아닌가? 녀석! 영특해 가지고는…. 하하하하하!

매년 이맘때면 우리가 떠나는 것을 이 녀석은 눈치챈다. 그래서 미리 제 몸을 그 안에 담아 놓고 보는거다. 눈치가 빠른 뽀송이는 정말 영리한 녀석이고 귀여운 녀석이다.

2년전 휴가갈 때 한참 짐을 챙기고 있는데 그만 뽀송이가 집 밖으로 탈출해 버렸다. 그래서 뽀송이를 쫓아가서 잡아 오느라 한참동안 고생했던 기억이 난다.

그리고 작년에는 휴가를 데리고 같이 갔는데 무척 날씨가 더웠다. 휴가 장소에 도착하여 물속에 뽀송이를 넣었더니 '아 글쎄!' 순간 온 몸을 쫘악! 릴렉스 시키며 물속에서 아주 편한 포즈를 취하는게 아닌가? 지금도 뽀송이가 그토록 행복해 하던 그 모습이 눈에 선하다. 글을 쓰다 보니 개소리(뽀송이 소리)를 하고 있는데…. 하하하하하!

아무튼 이렇게 귀여운 뽀송이를 집에 혼자 두기 너무 안쓰러워 예약한 펜션 홈페이지를 살펴 보았다. 그런데 애완견은 자제해 달라고 쓰여 있길래 전화로 양해를 구했다. 그랬더니 계곡물 속에 첨벙첨벙 함께 수영하는 강아지를 옆 손님들이 싫어 하셔서 자제하라고 하지만 주의를 한다면 데려와도 된단다. 야호! 전화 통화를 마치고 나서 나는 곧장 뽀송이와 휴가를 앞두고 대화를 했다. 하하하하하!

"뽀송아! 언니(난 뽀송언니, 미소는 뽀송누나 뽀송이는 엄마가 없다. 하하하하하!) 말 잘 들어! 펜션에 가서 말썽 피우면 안 되고 대소변도 너 기저귀에만 싸야 되는 거야! 그리고 낯선 사람들 보면 까불고 짖지 말고 혹시라도 키 작은 사람이라도 보면 무시하거나 짖으면 안돼! 언니 망신주는 일 안할거지?"

여러차례 뽀송이 눈을 바라보면서 그렇게 주입을 시켰다. 아무튼 휴가 가서 이 말을 잘 기억하고 있다가 약속을 잘 지켜 주어야 할텐데…. 약간은 걱정이다.

교육은 이 정도로 마치고 귀염둥이 뽀송이를 믿어볼까 한다. 이제 조금 이따가 오후3~4시경이면 출발한다. 8년째 우리 집에서 동거동락을 함께한 뽀송이와 올해도 함께 떠날 수 있어서 마음도 놓이고 행복하다. 아이들도 거의 성장해서 온 가족이 함께 가는 연례행사인 휴가는 올해가 마지막이지 싶다.

이번 휴가 동안에도 자연과 벗삼아 신나게 놀면서 새로운 마음가짐으로 돌아오고 싶다. 그래서 더 능률적으로 각자의 일을 할 수 있도록 충전의 기회로 삼고 싶다. 휴가가 밑거름이 되어 금년 남아있는 시간들도 더 가치있게 활용해서 연초에 계획한 모든 것에 플러스 요인이 될 휴가를 다녀 오려 한다. 물론 휴가지에서 금채가 즐겁게 읽을 책들도 여러권 챙겼다.

아이들이 신나게 노는 것도 지켜보며 남편과 언니 그리고 형부와 와인도 한 두잔 기울이기 위해 특별히 준비해 놓은 와인도 여러병 챙겼다.

'언니네 가족과 우리 가족 모두 8명이 신명나게 휴가 잘 다녀 올께요. 충성! 하하하하하!

형부가 농담 삼아 처제! 된장도 챙겨 오는거 잊지마 하신다. 그리고 뽀송이 목욕도 깨끗하게 시켜 데리고 오라고 하신다. 뽀송이 몸에 된장 바르게…. 하하하하하!

'이렇게 휴가를 떠나는 금채! 무척 행복하겠지요? 네?

금채의 보석같은 이야기

매사를 즐기는 자가 승자

매사를 즐기는 자가 승자인 장면을 출근길에서 보았다. 오늘 아침 금채의 마음 상태를 날씨로 말하자면 흐림이라고 할까? 구름 낀 마음으로 버스를 타고 가장 앞자리에 앉았다. 그리고는 늘 하던대로 책을 꺼내어 읽으려는데 구름낀 마음 탓인지 글이 눈 안으로 잘 들어오지를 않았다. 차안에서 책 읽는 것을 엄청나게즐기는데….

그래서 오늘은 책 읽기를 포기하였다. 그런데 눈을 감고 있기에는 초록이 넘실대는 바깥 풍경에게 너무 미안해서 창밖으로 우거진 푸르름과 환하게 펼쳐지는 다양한 꽃들에게 연신 바쁜 시선 교환을 하고 있었다.

.그러던 중 흥겨운 음악에 맞춰 버스 기사님께서 갑자기 박수를 막~ 치시는거다. 무슨 일인가 싶어 기사님을 바라보았더니 흥겨운 음악이 금새 끊겨 버렸다. 기사님의 활기찬 그 모습을 훔쳐보며 금채는 생각했다. '맞아! 저렇게 일하는 가운데에도 순간 순간을 즐겨야 해!'

잠시 뒤 바깥 구경에 심취해 있는데 다시 흥겨운 음악이 나옴과 동시에 기사님의 박수는 자동으로 이어졌다. 괜찮은 액션이었다.금채처럼 순간 깜짝 놀란 손님들도 계셨을 것이다. 그러나 그런 이목을 의식하지 않고 흥겨운 음악에 맞추어 박수를 쳐서 건강을 챙기시는 모습으로 보여 웃음 & 유머강사로써 저 기사분은 참! 멋진분이라는 생각을 했다.

이 세상에 일이 좋아서 하는 분들은 그리 많지 않을것이다. 하지만 일을 하여야만 살아갈 수 있는 것이 우리네 고달픈 삶이지 않는가? 일은 우리가 해야만 하는 생존의 수단이다. 그러니 억지로가 아니라 즐기며 일을 해 보자는 거다. 한가지 동작으로 계속 반복 행동을 하면 척추가 틀어져서 몸의 밸런스도 깨어 질수도 있다. 간간이 스트레칭으로 건강도 챙겨가며 일을 하자.

그렇게 즐거운 마음 행복을 부르는 마음으로 일을 하다보면 행복해지고 일하면서도 기쁨이 더 넘치게 될것이다.

하나님께서 우리 인간에게만 특별히 주신 선물이 있다. 그것은 웃을수 있다는 것이다. 웃음은 인간만이 누리는 특권이다. 진정 웃을수 있는 사람이 승자가 되는 것이고 통치하고 다스리는 권세자가 되는 것이다. 그러므로 웃음과 함께 하는 일들을 마음껏 즐기는 삶도 역시 자기 자신이 만들어 가는 것이다.

당신은 좋아서 일을 하는가? 일을 좋아하라. 좋아서 일을하다 보면 우리 몸에 유익한 엔도르핀이 발생되어 일에 능률도 올려주며 행복해진다. 그리고 옆 동료에게도 자연스럽게 기쁨을 선물하게 된다.

좋아하는 일을 찾자. 좋아하는 일을 찾았으면 그 일을 즐기자. 그것이 행복을 지켜 나가고 더 큰 행복을 만들어가는 비결이다.

행여나 하고 싶지 않은 일을 어쩔수 없이 해야만 하는 숙명이라면 받아들이고 그 일에 대한 생각을 바꾸어야 한다. 뇌를 개량시켜야 한다. '좋다! 좋다!' 로 뇌를 교육 시키면 일들이 좋은 쪽으로 술술 잘 풀려진다. 그래서 인정도 더 받게 되고 소득면에서도 증가되므로 만족도가 향상될 것이며, 그로 인하여 다양한 기쁨도 증가 될 것이다.

금채는 내가 하는 일을 즐긴다. 그러니 금채는 행복하다. 누구나 마음 먹기에 따라 하는 일을 즐길수 있다. 그 방법을 익히 잘 알기에 금채는 행복하다. 정말 정말 금채는 행복하다.

기대는 금물!

살아가다 보면 다양하고 남다른 성격과 특이한 습관을 가진 사람들도 만나게 된다. 그리고 그들 속에 어우러져 살아가게 된다. 그러다가 심적인 고통을 받기도 하고….

그런데 좋은 사람만 찾으려 하거나 자신에게 맞는 성품을 가진 사람만 찾으려고 애쓸것이 아니다. 내가 먼저 좋은 사람이 되면 되는 것이다. '웃는 얼굴에 침 못 뱉는다' 는 속담처럼 내가 먼저 좋은 사람으로 다가서면 주변 모든 사람들도 좋은 사람으로 되어 줄 것을 금채는 믿는다.

금채는 나름대로 부담제로인 사람으로 살아가고 있다. 누가 나에게 부담 주는 것도 싫다. 또한 타인에게 부담 끼치는 것도 싫어한다. 어찌 보면 금채같은 스타일은 나쁜 사람으로 비칠수도 있을것이다. 서로 부딪히며 물에 물탄듯 술에 술탄듯 그렇게 어물쩡하게 넘어갈 수도 있어야 하는데, 금채처럼 살아가는 방식은 자칫 피곤한 스타일로 보일 수도 있을 것이다.

하지만 그 속에 지혜가 숨 쉬고 있기에 크게 불편함도 없다. 또한 상대방도 눈치 채지를 못한다. 배려나 양보에도 내가 먼저 하니 말이다.

그리고 "내가 먼저 잘못했습니다. 내가 이렇게 했으니 당신도 이렇게 해주세요." 하다 보면 기대감이 생기고 기대감에 만족하지 못하면 또한 상대방에 대한 실망감이 생긴다.

그래서 금채는 타인에게 기대하려는 의존감을 버릴려고 노력한다. 매사에 기대하지 말자. 그냥 편히 잊어버리라는 말이다. 열심히 잘 하고 나서 기대심리로 인해 자신이 땀흘려 쌓은 공든 탑이 무너지면 아무 공로가 없다.

사실 이 글은 금채를 위해 쓰는 글이다. 금채는 생색을 좋아하는 편이다. 농담반 진담반으로 생색 내기를 좋아하는 나 자신이 부끄럽지만 금채의 발전을 위해서 쓰는 것이다. 하하하하하!

금채는 까탈스러운 사람이 아니라 편안한 사람이 되고 싶다. 언제나 금채를 만나는 사람들에게 행복한 스마일을 한 아름 안겨 주면서 금채 때문에 행복한 인생이라는 생각이 들게 하고 싶어 안달이다.

금채는 그래서 상대방에 대한 배려를 늘 생각하는 편이다. 가끔 무의식적인 내 행동이 상대방을 무시하지는 않았는지 궁금하기도 하다. 그래서 금채가 날마다 일기를 긁적거리는 이유도 그러하다. 이 세상에는 처음부터 좋고 나쁜 사람은 없다. 내가 먼저 배려하며 성의껏 대하기에 상호간에 원만한 관계가 형성되는 것이다.

평화는 내 마음에서 시작된다. 평화는 남이 만들어 주는 것이 아니다. 내가 어떻게 마음을 먹느냐에 따라 달라진다. 내 마음에 평화를 찾아 누리려면 끊임없이 내공을 쌓아야 한다. 비우고 버리고 누르고 그리고 금채처럼 늘 웃고 다니다 보면 된다. 하하하하하!

본래 금채는 약간 까다로운 여자였다. 그러나 까다롭던 금채의 모습이 자꾸 좋게 좋게 변해가고 있다. 서로 서로 좋은 쪽으로 말이다. 그 비결은 금채의 가슴에 행복과 웃음만 가득하게 담아 두는 훈련을 게을리하지 않기 때문이다.

금채는 낙관적인 여자로 탈변신 중이다. 어떠한 역경이 와도 나와 상관 없는 문제들은 후~하고 단숨에 불어 날려 버린다. 별 가치없는 고민들을 침대 이불 속까지 끌고 가지 않는다. 금채의 얼굴이 밝고 웃음이 연속될 수 있는 까닭은 고민거리들을 그 자리에서 털어 버리기 때문이 아닐까 싶다. 그러하기에 금채는 언제나 행복한 사람이다. 하하하하하!

빵 하나 와인 한 잔

선거철만 되면 동네들마다 많이 시끄러워진다. 우리 동네 역시 선거철에는 온통 정신이 없을 정도로 소음 공해로 시달린다. 너무 시끄러워스트레스를 받은 탓일까? 등교 준비를 하던 아들이 "엄마! 저렇게 시끄러운데 경찰에 신고하면 안돼요?" 한다. 하하하하하!

나야 뭐 아침에 출근하면 저녁에 퇴근하니 잠시이지만, 아들은 집에 있는 시간이 많으니 많이 시끄러운가 보다. 시끄러운거야 잠시이니 어른인 우리는 이해할 수 있다고 생각하지만 꼭 그렇지만은 않다.

가끔 이해가 잘 안되는 부분도 있다. 정류장이나 교회 앞처럼 유동인구가 많은 곳에 즐비하게 서서 율동도 하며 손도 흔들며 스피커를 크게 틀어 놓고 홍보하는 운동 방식은 알려야하니 그렇다치자

아무 표정도 없이 손만 흔들며 율동하는 운동원들에게서는 웃음&유머 강사 금채의 시각으로 바라보는 그들의 모습은 너무 형식적인 모습들이었다. 환한 웃음으로 서비스를 팡팡 날리지 못하는 그들에게서 후보자에 관한 어떤 희망을 찾을 수 없었기 때문이다.

그런 운동원들을 단체로 불러다 앉혀 놓고 웃음 강의를 한바탕 해 주고 싶다. 그리고 그들의 굳어 있는 입꼬리를 싱글벙글 웃는 입꼬리로 활짝 올려주고 싶다. 또 금채의 끼가 발동한걸까? 하하하하하!

아침 출근길 차 안에서 잠시 읽은 책에 담긴 이야기를 잠시 옮겨보련다.

'무명시절 채플린은 철공소에서 일을 하며 주인의 빵 심부름을 부탁 받아 빵만 사지 않고 빵과 와인을 사다 두고 일을 하였다. 그러던 중 주인이 바빠서 한참후에서야 빵 봉지를 확인하였다. 그런데 그 안에 주문하지도 않았던 와인이 들어 있었다.

주인은 채플린에게 와인은 웬것이냐고 물었다. 그러자 채플린은 주인님 께서 일 끝내고 언제나 와인을 마시는 걸 즐기시는데 와인이 떨어진것 같아서 빵을 사는 길에 와인도 함께 샀다고 했다. 채플린의 이야기에 주인은 감동하고 말았다.

그날 이후로 채플린은 월급도 올려 받게 되고 주인에게 사랑받는 사원이 되었다. 채플린은 빵만 심부름 한 것이 아니라 주인을 생각하는 마음까지 심부름 한 것이었다.'

채플린의 이야기를 선거 홍보인들에게 적용하면 무리일까? 이왕 금전 적인 댓가를 받고 일을 하는 마당에 마지못해 할 것이 아니라 신나게 기쁨을 담아 일한다면 어떨까 싶다.

금채는 웃음의 효과를 삶에서 체득하는 사람이다. 금채가 가는 곳마다 웃음으로 꽃밭을 일군다. 그리고 금채가 만나는 사람들마다 미소 띤 얼굴로 바꾸어진다. 웃음! 그것은 하나님이 인간에게 명령하신 행복하기 위한 도구이기에 금채는 웃음을 강조하며 산다. 남편에게도 아이들에게도 심지어는 우리 뽀송이에게도 말이다. 하하하하하!

지금 당신의 얼굴은 어떤 모습일까? 거울 앞에서 당신의 얼굴을 관찰해 보시라. 그리고 다음 세가지 중에서 답을 골라 보시라.
 1) 입꼬리가 올라갔다.
 2) 입꼬리가 중간에 걸쳐 있다.
 3) 입꼬리가 내려갔다.

몇 번에 당신의 모습이 담겨 있는가? 금채는 당연히 1)번이다. 금채는 언제나 내 자신의 입꼬리 상태를 체크하곤 한다. 언젠가 남편이랑 부부싸움 할 때에도 남편 모르게 입꼬리를 살짝 올린다고 했더니 금채의 그러한 이야기를 읽으신 분이 금채를 만났을 때 그 이야기를 하시면서 한참 웃으시는게 아닌가? 하하하하하!

우리 모두 웃고 살자. 모두 입꼬리를 살짝 올리고 살아가자. 생각하기 나름인게 세상사 아닌가? 내가 입꼬리를 올린만큼 기쁜 일 행복한 일이 생기지 않겠는가? 입꼬리가 올라가 있는 시간만큼 행복한 인생이 연출된다. 아싸!~

용필오빠 콘서트 후기

금채가 좋아하는 가수가 있다. 그가 바로 조용필 오빠이다. 어릴때부터 소녀들의 가슴에 진한 감동을 안겨 주었던 가수말이다. 그런데 벌써 용필 오빠가 환갑이란다.

용필 오빠의 콘서트장은 언제나 흥겹다. 시작 시간을 기다리며 그곳에서 먹는 햄버거와 콜라는 유난히 맛이 더 꿀맛이다.

역시 무엇을 하든 흥겹게 하면 더 유쾌하다는 말이 실감날 정도로 햄버거맛도 굿!!! 함께 간 일행이 챙겨 오신 직접 담근 복분자주에 치킨에 먹을 것이 온통 가득하다. 콘서트 시작 전에 얼추 먹거리로 입을 즐겁게 하고 출출한 배를 채워 준 후 현란한 폭죽 세례와 더불어 장황한 콘서트는 드디어 막을 올렸다.

잠실올림픽 주경기장! 구름같이 몰려든 인파가 일제히 소리를 질렀다. 금채 역시 누구보다 더 큰 목소리로 '오빠!~~~~'를 외쳤다. 속이 시원해졌다. 하하하하하!

용필 오빠!!! 작은 거인이라는 닉명이 실감났다. 어쩌면 저렇게도 지칠 줄 모르는 그 멋진 열정!

준비해 간 도구를 자유자재로 발광(?)하며 앉아서 상체만 움직이기엔 몸 전체에게 미안스러워졌다. 그래서 금채는 그만 벌떡 일어나 온몸으로 열광 발광해 버렸다. 하하하하하!

그날 밤 금채는 목이 쉴 정도로 실컷 노래를 따라 불렀다. 그리고 온몸을 음악 장단에 맞추며 실컷 흔들어 대었다. 정말 이런 것을 열강의 도가니라고 한다는 말이 실감날 정도로 말이다. 카타르시스가 될 정도의 열정으로!

금채야 웃음&유머강사이지 않는가? 그래서 평소에 쌓인 스트레스는 많지 않다. 그렇지만 콘서트를 통해 함께 어우러졌더니 나에게 엔도르핀 보다 4천배 더 풍부한 다이돌핀이 마구 마구 솟는 멋진 밤이 되고 말았다.

엔돌핀이 우리 몸에 유익함을 주는 호르몬인지는 다들 알고 계실것이다. 다이돌핀은 엔돌핀의 4천배 더 효율적인 플러스(+)요인으로 우리 몸을 건강하고 행복하고 기쁘게 만들어 주는 호르몬이다. 다이돌핀은 우리가 여행할 때 사랑을 나눌 때 좋아하는 음악을 들을때 생성된다. 이른바 감동의 호르몬이 다이돌핀이다. 오늘같이 기쁜 날 온 몸이 즐거워할 때 즐거운 만큼의 다이돌핀이 우리 몸에서 터져 나온다. 건강한 사람은 다이돌핀 호르몬의 지배를 많이 받는다고 한다.

그래서 다음 주에는 이승철 콘서트를 예약해 두었다. 그러니 내 몸은 매주 얼마나 기쁠까? 하하하하하! 이 기쁨을 많은 분들과 함께 나누기 위해 다음 콘서트에서는 더 신나게 더 열광 발광을 부리며 놀아야겠다. 하하하하하!

일상을 탈출해 간간히 우리 몸에 유익한 호르몬이 팡팡 생성되게 하는 것! 그것은 매우 중요한 일이다. 또한 건강하게 오래 살기 위해서 우리가 우리 몸에게 베풀어 주어야 할 지혜로운 일이다.

'열심히 일한 당신! 즐길 때는 확실히 신명나게 즐깁시다.'

2010년 가을 조용필 콘서트장에서 ^^

금채는 즐길 줄 아는 사람이 일도 잘한다고 생각한다. 운동하는 시간에 이 만큼의 일을 하면 어딘데 하며 욕심부리며 일만 하는 사람들은 결국 몸이 고장나게 되고 그렇게 애써 모은 돈이 병원비로 지출되고 마는 안타까운 경우가 허다하지 않은가? 그래서 금채는 순간 순간 스트레스를 풀어서 내던지는 습관을 갖고 살아간다.

스트레스를 쌓아두지 마라. 만일 스트레스를 쌓아두다 보면 그것이 어느날 폭발하여 당신의 모든 것을 통째로 순식간에 앗아갈지도 모른다. 스트레스는 당신을 파탄시키는 불량배이다.

매사에 열심히 사는 것? 정말로 중요하다. 그러나 다시 강조하지만 일상탈출로 쌓인 스트레스를 해소하는 것은 열심히 일하는 것 이상 중요한 일이라고 금채는 강조 또 강조하고 싶다. 금채는 그렇게 즐길 줄 알기에 오늘도 행복한거다. 그러한 행복이 지속되기에 정말 정말 더욱 더 행복한 것이다. 하하하하하!

겸손의 미학

요즈음은 위 아래 구분이 가지 않을 정도로 인간관계가 엉망이 되어 간다는 생각이 든다. 어른에 대한 공경심도 약해져 가고 있다. 스승에 대한 공경심도 역시 그렇다. 우리 사회가 겪고 있는 병폐 가운데 하나가 그렇다.

그래서 금채는 요즈음 겸손에 대해서도 종종 생각한다. 집에서는 아이들에게 늘 겸손한 사람이 되고 상냥한 사람이 되라고 가르친다. 내가 강의할 때에도 역시 주된 내용은 기교적인 부분이 아니라 인성과 도덕성에 관련된 부분이다.

익은 곡식일수록 고개를 숙인다는 말에 공감 100%한다. 금채는 요즈음 사람들의 입을 통해 나오는 말들을 수집해서 다시 읽어 보고 있다. 그러면서 금채가 내린 결론은 있는 사람은 있는 척 하지 않고, 지식이 가득한 자는 아는 체 하지 않는다는 것이다. 본래 빈 깡통이 요란하게 소리를 내는 법이지 않는가? 하하하하하!

나와 대화를 하는 중이라든지 남과 대화하는 것을 자연스럽게 듣다 보면 상대가 갖고 있는 지식의 깊이가 훤히 보인다. 별로 대단하지도 않은 내용인데 대단한 척 자랑하는 사람들을 보면서 솔직히 역겨울 때도 있다.

그래서 그러한 일들을 금채는 거울로 삼으려고 노력한다.

금채는 용기와 자신감으로 살아가는 사람이다. 그러나 교만하거나 우쭐하려고 하는 것은 절대 아니다. 자신감과 교만은 다른 차원이기 때문이다. 행여라도 이러한 금채의 자신감을 교만으로 보시는 분이 있을까 염려되기도 한다.

가끔은 중립적인 태도가 괜찮을 수도 있다는 생각이 든다. 아는체 하는 것도 그렇고 모르는 체 하는 것도 그렇고 말이다. 어느 사람이라도 모든 것에 다 능할수는 없다. 박사라고 해도 아주 좁은 부분에 대하여 전문가라는 것일 뿐….

물론 세상을 살아가면서 너무 겸손하게만 살다 보면 발전성이 떨어질 것이다. 무모하리만큼 용감하게 앞서는 사람들 때문에 세상이 발달하기도 하였을테고 또 때로는 세상이 어지럽혀지기도 했을테니 말이다.

옛말에 '삼인행이면 필유아사(三人行 必有我師)'라는 말이 있다. 세사람만 걸어가도 그 가운데 배울 점이 있는 스승이 계신다는 말이다. 세 살짜리 어린아이에게도 배운다고 하지 않았는가?

현대 사회의 지식은 급진전하는 중이다. 마치 로케트의 속도처럼 무진장 빠르게 증가하고 있다. 그런데도 불구하고 자신이 갖고 있는 알량한 지식이 최고인 듯 뽐내며 외친다면 우물 안 개구리가 바다의 고래보다 크다고 우기는 식이지 않을까 싶다.

그래서 겸손은 겸양이라고 생각한다. 자신이 조금 상대방보다 부족하다고 생각하고 상대방보다 한 치만 내려가 주는 것이다. 그러다 보면 입조심도 하게 되고 행동에도 조심하게 된다. 당연히 그런 사람은 상대방을 편안하게 만들어 주게 되므로 좋은 인간관계도 형성 될 것이다.

겸손은 행복을 계속 이어주는 징검다리이다. 험난한 세상을 살면서 상처받기 싫으면 겸손해지자. 내가 낮아지는 만큼 나의 표면도 작아지게 되고 내가 받는 충격도 줄어지게 된다. 그래서 금채는 오늘도 웃음가득 입꼬리에 물고 세상을 바라본다. 하하하하하!

가슴 뭉클한 배추전

"손이 참 예쁘네요?…."
"어머나! 정말로요? 감사합니다."

금채를 잘 아는 지인께서 살짝 살짝 몰래 내 손을 훔쳐 보았단다. 그래서 손이 예쁘다고 꼭 그 말을 해 주어야 되겠다면서 벼르다가 말했다는 거다. 하하하하하!

그분은 한 술 더 뜬다.

"손이 예쁘니 음식도 맛있게 만드실거 같은데…. 음식 맛있게 잘 만드시지요?"

'칭찬은 고래도 춤추게 한다'는데 금채도 기분이 꽤 좋았다. 사실 우리 나이 또래들 대부분은 결혼 전에 신부 손에 물 한방도 안묻게 하겠다고 약속하고 결혼을 했을 것이다. 금채 역시 그랬으니 이런 말하면 창피할 수도 있겠지만 사실 나는 라면도 잘 못 끓였었다. 부끄러운 이야기이지만 8남매 막내에 늦둥이라는 특권으로!!!

남편과 데이트 할 때에 남편의 자취방에 놀러 가면 남편이 차려다 준 밥이나 먹어 주는게 금채의 유일한 일이었고 또한 매력이었다. 그래서 남편은 뭐라고 말은 못하고 "함께 살면 밥이나 얻어 먹을 수 있을라나?" 하며 금채를 신부로 데려가는 것을 철부지 막내 데려가는 일로 생각하고 많은 염려를 했다고 한다. 하하하하하!

나는 결혼전 잠시 사무실에서 사무원으로 근무한 적이 있었다. 아침에 출근해서 사무실 청소를 말끔히 끝내고 나면 '오늘의 요리'를 방송하는 시간이었다. 그래서 나는 3개월 동안에 하루도 안 거르고 노트를 따로 마련해 메모하며 때로는 그림도 그려가며 나만의 요리책을 완성해 갔다.

그리고 몇 달 후 1991년 10월 12일 많은 분들의 축하 속에 행복한 결혼식을 올리고 신혼 살림을 시작하였다. 그러면서 3개월동안 열심히 공부하며 메모하였던 요리 노트로 인해 남편은 날마다 퇴근 시간이 무척이나 기다려졌다고 한다. 그 이유는 보암직스럽고 먹음직스럽도록 잘 준비된 반찬과 음식들이 남편을 기다리고 있었기 때문이다.

신혼 새댁이지만 집들이도 남의 손을 빌리지 않고 혼자 다양한 반찬을 뚝딱 만들어 손님들을 접대했다. 여러 팀을 몇 차례에 나누어 집들이를 했는데 그 때마다 인기 만점이었다. 지금은 그런 열정이 사실 많이 수그러졌다. 그렇게 준비하라면 금채는 저 멀리 도망갈지도 모른다.

어떻게 그런 일들을 척척 해 냈는지 지금 생각해 보면 나 자신도 사뭇 궁금해진다.

자! 그럼 세월이 훌쩍 지난 주부 금채의 모습은 어떨까? 오늘도 외출했다가 집에 막 들어서자마자 귀여운 딸 미소가 품에 안기면서 김치부침개를 해 달라고 졸라 댄다. 거기에 배추전까지 추가로 시킨다.

어쩔수 없이 피곤하지만 두 아이가 맛있게 먹어주겠다고 하니 주방으로 달려가서 부침개 굽는 아줌마가 되어 주었다. 아이들이 맛있다면서 학교에서 돌아올 때 마다 엄마가 이렇게 맛있는 간식을 해 주시면 너무 좋겠다는 것이 아닌가?

그 말을 듣는 순간 가슴이 뭉클해졌다. 평소에 아이들에게 부침개를 부쳐 주지 못한 불량 엄마였다는 것이 또 들어나 버렸으니 말이다. 바쁘다는 핑계로 맛있는 음식을 아이들에게 해 주지 못했던 엄마였기에 순간 얼굴이 화끈 달아 올랐다.

조금만 더 아이들에게 신경을 썼더라면 우리 아이들이 더 행복한 추억을 가지게 되었을텐데 하는 아쉬움이 밀려 왔다. 금채의 아이들은 정말 착한 천사들이다. 엄마 아빠에게 투정을 잘 부리지도 않는다. 부모의 마음을 잘 헤아리고 들어주려고 함께 노력하는 아이들이다.

게다가 평소에 맛있는 것들도 만들어 주지 않는 엄마이지만 그런 엄마를 반갑게 맞아주고 좋아한다. 이것이 금채가 행복한 이유 중 하나이다. 아이들만 보아도 금채는 정말 복이 많은 여자이다.

가정일에는 약간 불량스러운 엄마이지만 엄마가 해 주는 부침개를 먹으면서 행복해 하는 아이들을 보니 금채는 또 행복 웃음병이 터져 버린다. 부침개를 먹다가 아이들과 같이 한바탕 웃고 보니 행복이란게 딴 것이 아님을 또 다시 생각하게 되었다. 하하하하하!

"금채는 정말 행복합니다. 행복에 겨워 춤추고 싶을 정도로….."

김동길 박사님과 함께

개인적으로 난 각종 세미나 참석을 꽤 즐긴다. 취미라고 해도 과언이 아닐 만큼 틈나는 대로 강의장을 찾아다닌다. 그중 하나 김동길 박사님 강연장을 다녀왔다.

매달 마지막주 목요일에 행해지는 멋진 강연장의 풍경을 잠시 이야기 하려한다. 넓은 강의장에 어르신들이 곳곳에 자리를 채우며 앉아 계시는데 매월 김동길박사님의 강연을 듣기 위해 부산,대구,광주등 전국 방방곳곳에서 비가 오나 눈이 오나 일관성있게 자리를 채우신 어르신들은 젊은시절 각자 자기분야에서 대단한 명성을 날리시다 퇴직후에도 이런 좋은 강연장을 찾아 다니시며 삶의 질을 최상으로 가꿔 나가고 계셨다. 어르신들을 뵈니 나도 노년에 이분들 처럼 살아야지 하는 생각과 함께 존경스러움이 나도 모르게 가슴 가득 솟구쳐 올라왔다.

그중에 더욱 부러운 어르신은 부부지간에 나란히 강연에 집중하신 분들이었다.그분들을 뵙노라니 자연스럽게 나도 그래야지....하하하 하하하 하는 다짐을 해보았다.

부부간에 취미가 같으면 금상첨화일것이다. 다양한 취미가 있을테지만 질좋은 강연을 함께 듣는것 만큼 아름다운것은 없을것이다. 형형색색의 예쁜꽃도 이 어르신부부 보다 더 아름다우리.... 많은 생각을 주는 김동길박사님 강연장을 난 사랑한다.

강연장 문을 딱 들어서면 김동길박사님은 판사님 좌석같은 자리에 앉으셔서 박사님의 트레이드 마크인 나비넥타이와 눈에 선명하게 띄는 빨간 행거칩과 남성패션 모델을 하셔도 손색이 전혀 없을정도의 딱떨어진 품격 있으신 젠틀멘의 모습으로 나의 눈을 매료시켰다. 어쩌면 그연세에 광채가 그리도 나시는지....

역시 럭셔리한 나의 노년도 잘가꿔 광채나는 명강사가 되어야 겠다고 다짐해본다. 생각만 해도 행복한 나의 노년....하하하하하

배우고 가르치는거 정말 행복한일이다. 그행복 난 끝없이 일궈나가 내가 얻은행복을 모두와 함께 나눌것이다. 내가 좋아 내가 찾아 값없이 얻은 행복 나만의 행복 노하우를 모두에게 널리널리 알려 대한민국이 행복해지는 그날까지 행복전도사로써 최선을 다할것을 비오는 이밤에 큰 소리로 목청껏 외쳐봅니다.

이런 내가 참좋아 오늘도 정말정말 행복합니다.

금채의 행복에너지 팡팡팡

폼생폼사의 큐티함을 아리오

금채는 자칭 폼생폼사다. 하하하하하! 분명 일기예보에서 '오늘은 외출시에 우산을 준비하세요' 라는 소리를 들었다. 그러나 금채는 폼생폼사라 평상시 일기예보에 귀를 귀울여 비가 오지 않는 날도 무겁게 우산을 들고 다닌다. 그런데 하필 오늘은 무슨 배짱으로 그랬는지 모르겠지만 우산을 집에 두고 외출 한 것이 아닌가? 하하하하하!

그렇게 오늘 하루를 신나게 콧노래를 부르며 시작했다. 드디어 내가 타고 갈 버스가 도착하여 좌석에 앉자마자 비가 내리기 시작한다.

　'뚝 뚝뚝 뚝뚝 뚜두둑…'

금채는 예쁜 얼굴을 산성비에 거의 내어 주지 않는다. 평상시 우산 파는 가게 인근에서 내려 가게로 들어섰다. 그런데 가는 날이 장날이라고? 금채에게 맞는 우산은 하나도 없고 모조리 유치원 아이들 수준의 우산 뿐이지 뭔가? 이리도 황당할 수가! 폼생폼사! 비 안맞을려고 오늘 금채가 별짓을 다한다. 하하하하하!

우산을 파는 점원이 고객님께는 잘 어울리겠단다. 칭찬인지 욕인지? 하하하하하!

가만히 우산을 들여다보니 내게 잘 어울린다. 금채가 누군가? 세계로 미래로 펼쳐져 나가는 웃음&유머강사 금채가 아닌가? 우산 값을 지불하고 당당하게 전철을 탔다. 그리고 자랑스럽게 우산을 들고 전철을 내려 당당하게 우산을 쓰고 사무실로 향했다.

어쩔수 없이 아이들이 선호하는 캐릭터 우산을 샀다. 바로 요놈이다.

그런데 금채가 당당하게 걸어가는 그 모습이 아무래도 우스웠나 보다. 씩씩한 금채를 빤히 쳐다보는 분도 있었고 이상하다는 눈초리를 보내는 분도 있었다. 그 중에는 킥킥거리며 비웃는 것 같은 소리도 들렸다.

그 중 길바닥에서 나를 박장대소하게 하는 남자분들을 만났다. 그렇잖아도 솔직히 캐릭터 우산이 금채에게는 어색해서 혼자 비시시 웃으면서 걷고 있는데 맞은편에서 걸어오시던 남자분 두분중 한 분이 큰 소리로 말하는 것이 아닌가?

"와! 우산이 참 예쁘네요! 잘 어울리세요."

그의 말이 떨어지기가 무섭게 참았던 웃음이 나도 모르게 터져 나왔다. 하하하하하!~~ 웃음강사의 끼가 또 터져 버린 것이다. 도로 한 복판에서 말이다. 그것도 비 오는 날…. 이렇게 재미스러운 해프닝이 금채를 또 행복의 열탕으로 내어몬다. 그러니 금채는 하루도 행복하지 않은 날이 없다. 하하하하하!

행복은 생각하기 나름이다. 어쩌면 아무것도 아닐 수 있는 일들이지만 금채는 이렇게 조금 과장해서라도 즐거움과 행복을 스스로 만들어 웃는다. 그것이 바로 금채표 웃음이요 금채표 행복이다.

이 세상에는 행복에 대한 이야기가 많이 있다. 금채는 자신이 가진 것에 만족하고 감사할 줄 아는 그것이 가장 큰 행복이라고 생각한다. 결국 행복은 내 자신이 만들어가는 것이다. 여기에서 수시로 감사를 양념으로 사용하면 행복은 저절로 자라게 되어 있다.

금채는 좀 바보스러운 면이 없지 않다. 그래도 금채는 스스로를 만족하며 살아간다. 바보스럽다고 해서 뭐가 덧나는가? 푼수같다고 해도 좋다. 푼수같다고 해서 무슨 불행이라도 생기는가? 그건 아니다. 남들에게 행복 바이러스를 팡팡 안겨 준다면 그것이 금채가 살아가는 의미이고 가치가 아니겠는가?

금채는 앞으로 쭈욱 행복 에너지 발산 창고가 되고 싶다. 그런 야무진 꿈을 막연히 이상으로만 간직하고 있는게 아니다. 금채는 그 꿈을 이루기 위해 고군분투하고 있다. 만일 행복 에너지 발산 창고가 부도가 난다면 큰일이다. 그래서 금채는 24시간 행복 에너지 발산 창고에 웃음을 가득 주입하는 중이다. 대한민국을 행복하게 만들어 나가게 될 금채표 행복 에너지 팡팡!! 하하하하하!

벚꽃향을 아시는 분?

4월이 되면 화사한 꽃망울들로 자태를 뽐내는 나무가 있다. 이름하여 벚꽃이다. 거리의 가로수로 시원하고 깔끔한 이미지를 잔뜩 안겨주는 봄의 전령인 벚꽃! 그런데 벚꽃은 향이 있을까? 벚꽃은 향이 없다. 금채는 그 사실을 며칠 전에 알았다. 하하하하하!

마음이 행복한 금채는 꽃을 무척이나 좋아한다. 꽃이 있으면 다가가서 만져보기도 하고 냄새를 맡아 보기도 한다. 벚나무를 가득 채우고 있는 벚꽃의 유혹에 붙잡힌 금채가 그냥 지나칠 수는 없잖은가? 벚꽃의 향기를 맡아 보려고 코를 갖다 대었다.

그런데 아무 냄새도 나질 않는다. 잠시 생각해 보았다. 왜? 벚꽃에는 향이 없을까를…. 그러면서 하나님은 정말 멋진 분이시라고 생각하면서 무릎을 탁! 쳤다.

길에는 벚꽃 축제로 인산인해이다. 가는 곳마다 주차장을 방불케 한다. 그 많은 인파 가득한 곳에 아름드리로 자라 부끄러운듯 살포시 가지를 흔들며 나그네들을 유혹하는 벚나무! 만일 그 나무에서 향이 풍겨져 나온다고 가정한다면? 그 수많은 꽃들이 모두 향을 내어 뿜는다면?

금채의 보석같은 이야기

아무리 향기롭다고 하더라도 향기가 너무 많아서 사람들이 가까이 하지 못할 것 아니겠는가?

하나님은 그것을 계산하셨던 것이다. 벚나무는 수없이 많은 꽃이 달린다. 만일 그 꽃들마다 향기를 내어 뿜는다면 나그네들은 질식할지도 모른다. 백합화는 한 송이 꽃대만 활짝 피운다. 비록 백합화는 작은 꽃일지라도 아주 짙은 향을 낸다. 여기에 하나님의 공평하심과 자상하심이 숨어 있기도 하다.

작은 백합화에게는 짙은 향을 주셔서 사람들 눈에 잘 띄게 하시고 큰 벚나무는 수많은 꽃을 주시는 대신에 향은 없게 하셨다. 인생사도 그런것 같다. 모든 것을 가지고 모든 것을 누리며 사는 사람은 하나도 없다. 돈이 부족한 사람에게는 튼튼한 힘을 주신다거나 부자에게는 또 다른 약함을 주셔서 평균하면 공평함을 누리게 하셨지 않는가?

그런데 우리는 가끔 내가 가진 것을 상대방의 것과 비교하고 열등감이라는 몸살에 걸려 우울해 한다. 그럴 필요가 없는데 말이다. 나는 나이고 그는 그인데 말이다. 각각의 달란트가 다르고 각각의 사명이 다른데 말이다. 그런데도 대부분의 사람들은 남의 것을 자꾸 의식하면서 비교해 버린다. 그 결과로 불안을 키우고 불행으로 치닫고 만다.

에덴동산에는 수많은 과일들이 있었다. 그런데 선악과까지 욕심내던 아담 부부는 결국 자기 파멸의 길로 접어들고 말았다. 현대인들 가운데 수많은 사람들이 절망하는 이유가 무엇일까? 예전보다 먹을 것이 부족해서가 아니다. 실력이나 학력이나 재산이 모자라서도 아니다. 시커먼 고무신을 신고 까칠까칠한 보리밥을 먹으면서도 행복한 웃음은 지으며 살았던 우리네가 아니던가?

행복은 마음 안에서 자란다. 남이 만들어주는 것이 아니라 내가 키워가는 것이 행복이다. 금채는 날마다 그러한 행복을 키워 나가기 위해서 일단 웃는다. 금채도 가끔은 열등감에 빠질 뻔 한다. 물량주의에 물든 현대 풍조가 그런 것을 장려하기 때문이다. 텔레비전 광고가 그렇고 날마다 던져지는 선전물들이 보는 이들로 하여금 온통 열등감에 빠지게 한다. 그러나 정말 행복은 그런 것들을 가지는 것에서 비롯되는 것이 아니다. 즉 소유가치로 행복을 측정할 수 없다는 것이다. 금채는 자신의 존재 가치를 높이는 사람만이 행복지수를 높일 수 있다고 확신한다.

벚나무와 백합화! 이들은 각각 다른 존재들이다. 하나는 나무이고 하나는 풀이다. 어찌 서로 비교할 수 있으랴! 각기 의미있고 각기 아름다운 존재인 것을! 금채는 금채이고 당신은 당신으로서의 훌륭한 가치를 갖고 있음을 기억하라! 하하하하하!

담배가 맛있다구요?

담배를 피우면 암에 걸릴 확률이 25%라고 한다. 게다가 주변 사람들에게 공해를 안겨주는 간접 살인행위가 된다. 그런데도 담배의 해악을 알면서도 중독이 되면 끊기 힘든 것이 또한담배이다.

금채의 후배 중에는 담배를 밥 먹듯이 피워대는 동생이 있다. 덩치와 키는 나의 반 정도라 해도 될 만큼 아주 작은 몸짓이지만 성격도 좋고 스케일도 아주 크고 대화가 잘 통하는 참 좋은 동생이다. 헌데 가끔 동생 차를 타고 이동할려고 하면 곤욕을 치른다.

담배가 원수이다. 담배를 좋아하는 후배가 어찌나 담배를 많이 피워대는지… 이건 나를 너구리로 알고 너구리 잡으려는 것도 아니고 말이다. 아무튼 본인은 즐기며 피워 대는데 동석한 금채는 죽을 맛이다.

그래서 금채는 후배를 만날 때마다 제발 담배 좀 끊으라고 잔소리를 한다. 그러면 후배는 술도 안 먹고 담배까지 안 피우면 무슨 낙으로 살거냐고 반문한다. 담배 중독 수준이다. 아예 담배인삼공사에 취직을 하든가 말이다. 하하하하하!

암튼 후배 이야기는 그렇다고 치고….

우리 사무실 이야기를 좀 할까 한다. 금채의 사무실을 궁금해 하는 분들이 있을거 같아서 서비스 차원에서 말이다. 하하하하하!

우리 사무실은 주상복합아파트 상가에 있다. 그래서 공동 화장실을 쓴다. 그러니 금채가 가끔 화장실을 다녀 올라하면 죽을 맛이다. 질식할 것 같고 잠시 볼일만 보고 나오는데도 담배 핀 사람처럼 담배 냄새가 곧장 옷에 베어 버려 손님들께 가끔 곤란할 때가 있다.

금채가 하고 싶은 이야기는 담배와 관련이 있다. '담배 피는 분들은 인격이 없나?' 하는 생각을 상가 화장실에서 종종 느낀다는 점이다. 담배 냄새도 고약해서 죽겠는데 화장실 바닥에 침은 한 바가지 부어 놓은 것처럼 여기 저기 경쟁이라도 하듯이 뱉어져 있다. 그리고 그 사이 사이에 피우다가 던져 놓은 담배 꽁초가 산만하게 버려져 있다.

금채는 그러한 모습들을 보면서 담배 피는 사람들의 인격이 의심된다. 물론 모든 애연가들이 다 그렇지는 않을 것이다. 그렇지만 그 몇 사람의 지저분한 행동 때문에 애연가들 모두가 싸잡아 욕을 먹는것 아니겠는가?

본인의 건강이야 본인의 문제니까 금채가 말 안한다고 하더라도 금채도 사용하고 이웃 사무실 박씨도 김씨도 최씨도 좌우간 급한 사람들은 누구나 사용하는 공동 화장실이지 않은가? 자기네 집 화장실이라면 그렇게 경우없이 아무데나 침 뱉고 담배 꽁초를 던져 놓고 다니겠는가? 아닐 것이다.

금채의 보석같은 이야기

당사자는 자신이 잘못된 행동을 하고 있음을 알 것이다. 그런데도 반복해서 남에게 불쾌감을 주는 일을 한다. 왜 그럴까? 그것은 버릇이 잘못 들어서 그렇다. 교양교육이 제대로 안되어서 그렇다. 그래서 금채는 사회인이 되려면 인성교육이 참으로 필요하다고 생각한다.

이러한 불쾌감은 대중시설에서 종종 목격된다. 예컨대 시내버스를 타고 이동하는 중에 청소년들이 와르르 몰려들어 차에 올라타고 나면 어른들 상관없이 욕지거리를 해 댄다. 그리고 소란하게 떠들고 웃는다.

금채는 그런 날이면 인성교육의 필요성을 절감한다. 곧장 저녁에 아이들을 불러다 놓고 엄마가 이런 일로 인해 많이 불쾌했다고 들려준다. 그러면서 우리 아이들은 그런 저속한 행동을 하지 않았으면 좋겠다고 훈육의 모델로 삼는다. 아무튼 행복한 세상은 우리가 함께 만들어 나가야 하지 않을까 싶다. 가자 우리 함께! 행복한 세상을 만들러….
하하하하하!

마우스 샀어요

얼마 전부터 컴퓨터 마우스가 자꾸 말썽이다. 사무실에서는 노트북을
사용한지라 노트북에 내장된 마우스로는 잘 안되는 부분들이 있어 참
많이 불편한데 말이다.

금채는 사실 컴맹 수준이다. 그래서 마우스 고장은 생각지 않고 오로지
노트북의 문제인줄 알았다. 마우스 없이 일하기가 너무 불편했고
마우스가 필요할 일이 생겨 급히 마우스를 구입해 바꾸었더니 세상에나!
어쩜 이리도 부드럽고 좋은거야? 하하하하하!

이팔 청춘도 아니고 어린애도 아니고 오로지 마우스 하나 샀을 뿐인데
노트북 사용이 원활해져 무척이나 기분이 좋았다. 사실 금채는 언제
부터인가 남편이랑 다툼이 있을 때에는 열심히 잔소리하는 남편 앞에서
속으로 딴 생각을 한다.(이 글은 남편이 보지 않았으면 좋을 것인데….
하하하하하!)

기분이 안 좋을 때에는 별소리를 다 할 수도 있다. 그러니 기분 나쁜
순간만 지나면 된다. 상대의 입에서 나오는 독설들을 있는 그대로 받아
들이면 결국 나 자신에게 손해가 되고 병들 수 있기에 금채가 선택한
처신법이다.

이른바 금채가 개발한 부부싸움에서의 생존 전술이라고나 할까? 남편이 화가 나서 잔소리를 할 경우에는 오늘처럼 마우스를 사서 기분이 좋았던 일이나 아니면 다른 일들로 인해 기분이 좋았던 상황들을 생각하며 남편만 열심히 떠들게 내버려둔다. 하하하하하!

함께 합세해서 남편에게 대어 들면 싸움으로 확산될 것이고 그러면 숨죽이며 지켜보는 아이들도 상처받게 된다. 만일 주변에 다 들리게 큰 소리라도 내며 싸우다보면? 내가 누군가? 폼생폼사인 금채의 고귀한 체면이 손상되기에…. 금채는 작은 소품을 활용하여 행복했던 일들을 생각하며 한 귀로 듣는 체 하면서는 한 귀로 흘려버리니 혼자 중얼거리다가 싱겁게 끝나고 만다. 하하하하하!

그리고 그것이 전부가 아니다. 화가 나서 잔소리를 하는 남편 모르게 살짝 살짝 입꼬리도 올린다. 금채의 고운 뇌가 놀랠까봐서이다. 하하하하하! 그런데 남편이 금채의 이러한 비밀을 알면 안 되는데…. 하하하하하!

금채는 강의 전문가이다. 강의를 하고 고객을 상담하다 보니 말을 제법 잘하는 편이라고 생각한다. 남편도 그것은 인정한다. 어떤 때에는 남편이 혼자 열 내다가 이렇게 나에게 따진다.

"니! 말 잘 하잖아??? 말 좀 해봐. 왜! 대꾸가 없는데?"

그래도 금채는 아무 말도 안한다. 그것이 금채가 가정을 화목하게 만들어 가는 두번째 비결이다. 이른바 남편의 잔소리에 무대응 전술이다. 하하하하하!

왜 금채인들 화가 안 날건가? 까짓거 말로 싸우자면 금채도 만만치 않을걸? 그러나 화가 나 있는 남편에게 말대꾸해서 말을 만들다 보면 일은 수습하기 복잡한 상태로 번져나갈 것이고 그러다 보면 부부사이에 며칠간 앙금도 생길테니까 금채는 고도의 수법으로 그 상태를 극복하는 것이다. 솔직히 웃고 살아도 바쁜 세상이기에…. 하하하하하!

나는 행복합니다. 정말 정말 행복합니다.

대학가 풍경 엿보기

금채의 사무실은 세종대와 건국대 가까이에 있다. 그래서 퇴근길이면 금채는 젊은 기운을 받기 위해 대학생들이 들끓는 골목을 즐겨 찾는다. 비밀이지만 이것도 금채만의 젊음을 유지하는 비결이다. 하하하하하!

어제도 퇴근길에 변함없이 골목길을 접어드니 곳곳마다 젊은이들이 무리지어 자리를 잡고 음식을 먹으며 대화를 나눈다. 전화거는 사람도 있고 게임을 즐기는 아이들도 있다. 무슨 싸움이라도 난 줄 알고 두리번 거릴 정도로 이층에서 아래로 내려다보며 친구와 큰 소리로 대화하는 청년들도 있고…. 이것이 젊음을 그대로 느낄 수 있는 다소 복잡하고 정신없는 대학가 거리 풍경이다.

그래도 금채는 꼭 이 길로 다닌다. 금채의 어린 시절을 회상할 수 있는 계기도 되며 톡톡 튀는 젊음을 느낄 수도 있기에 말이다. 그 나이 때에나 가능한 청춘 남녀들의 낭만스러운 거리 행진…. 하하하하하!

항상 소녀일거라고 생각했던 금채도 어느새 젊음이 부럽고 젊음이 그리운 불혹의 나이가 되어 버렸다. 그러니 정말 아쉬움만 남는 것이 인생이다. 그래도 금채는 행복하다. 내 나이만큼 행복하기에 말이다.

사람들은 그런다. 나이 마흔이 넘으면 자기 얼굴에 책임져야 한다고 말이다. 명언이다. 얼굴 근육은 아주 얇은 근육으로 되어 있다. 그래서 평소 습관이 얼굴에 그대로 녹아난다. 내가 웃으면 웃는대로 찡그리면 찡그린대로 그대로 근육이 경직되어 버린다. 그리고 그것이 주름살이 된다.

그러나 얼굴을 예쁘게 유지하는 간단한 비결이 있다. 언제나 웃는 낯으로 생활하다 보면 나이에 비해 젊음을 유지할 수 있다. 푸석 푸석한 피부와 굵은 주름에서 해방 될 수 있는 방법은 웃음을 유지하는 것이다. 웃음으로 생기는 주름은 얼굴을 더 예쁘게 한다. 금채는 그래서 웃음 주름살을 많이 채워 나갈 것이다. 웃자! 우리 모두 웃음으로 오늘도 마무리 해 보자. 하하하하하!

맘껏 웃어요

웃어서 행복한 것이 아니라 웃다 보니 행복해진다. 억지로라도 웃다 보면 행복이란 녀석이 넝쿨채 굴러 들어옴을 느낄 것이다. 당신은 하루에 몇 번이나 웃는가?

근심이나 걱정에 사로잡히면 결국 자신에게 우한이 친구하자고 몰려든다. 그러나 언제나 싱글 벙글 웃다보면 웃을 일만 몰려들어 행복이 급증하게 된다. 전자를 택하건 후자를 택하건 누구에게나 택함은 자유이다. 하지만 금채는 후자를 택한다.

금채의 가장 큰 소원은 웃으며 살아가는 것이다. 하나님이 인간에게만 특별히 주신 아주 대단한 선물인 웃음을 끊임없이 얼굴에 달고 살 것이다. 금채는 긍정과 웃음을 똘똘 뭉쳐 그것으로 무기를 삼아 살아갈 것이다. 그리고 보니 내 스스로 생각해 보아도 금채는 정말 정신이 건강하고 행복한 여성임에 틀림없다.

금채라고 왜 근심이나 걱정이 없겠는가? 그러나 걱정해서 해결될 문제들이 아님을 알기에 그냥 '좋은 일이 있으리라. 크게 있으리라' 하며 훌훌~털어 넘겨 버리는 것이다.

그러한 삶이 금채의 일상적 습관이 되다 보니 당연히 행복한 삶도 연장이 된다. 그래서 금채는 오늘도 행복하다. 하하하하하!

"나는 행복합니다. 정말 정말 행복합니다. 하하하하하"

산에 올라본 자만 그 느낌을 안다

산에 오르다 만든 눈사람이다. 손이 시려오는 것을 잘도 참으며 만들어 세워 놓았다. 스마일 눈사람이다. 금채를 닮아 눈사람도 웃고 있다. 하하하하하!

사실 오늘은 출근해서 일하고 싶었지만 가정의 평화를 위해 오늘 까지 집에 머물면서 아이들과 함께 시간을 갖기로 했다. 엄마가 집에서 쉬고 있으니까 귀여운 딸 미소가 배추전이 먹고 싶다고 한다.

배추전! 엉거주춤 일어나서 배추전을 맛있게 만들어 주었다. 그랬더니 모든 가족이 정말로 맛있게 먹는다. 남편과 같이 산에 가려고 집 밖으로 나왔다. 밤새 내린 눈이 장관이었다. 장난스럽게도 한마디 내 뱉었다.

"어라! 내 허락도 없이 차위에 눈이 소복히 쌓였네?"

언제부터 내렸는지는 모르지만 눈이 제법 내렸다. 그러나 눈에 아랑곳 하지 않고 즐거운 마음으로 산에 올라갔다. 어제랑 다르게 눈이 아주 많이 밟혀 등산로가 많이 미끄러웠다.

한참 산을 오르다 보니 남편이 많이 피곤해 한다.

"우리 그냥 내려 갈까?" 라고 했더니 "아니 그래도 가야줘~" 한다. 정상까지는 오르지 않고 오늘은 산 중턱에서 등산을 멎었다. 준비해 간 따끈한 커피를 남편과 같이 마시고 내려오는 길에서 느낀 행복! 온몸을 개운하게 하고도 남았다. 상쾌한 기분이었다. 금채가 느낀 이 기분은 느껴보지 않은 분들은 모를거다. 하하하하하!

너무 기분이 좋아서 운동삼아 뛰다시피 내려가려고 했다. 그랬더니 남편이 자꾸 금채를 앞서려고 한다. 그래서 금채가 한 방 날렸다.

"그래 뭐야? 당신 멋쩌! 몰라? 당당하고 신명나게 멋지게 아내에게 저 주면서 사는거 몰라? 어쩜 여자를 이기려하니?..."

그렇게 남편을 골리며 내려오다 보니 하산 길이 정말 유쾌한 등산로가 되었다. 몸도 개운하고 마음도 행복했다. 하산길에서 어제 우리 부부만 먹어 미안했던 소머리국밥을 룻 포장해서 아들에게 갖다 주었다. 아들 녀석이 한 그릇 뚝딱 먹어 치우고는 다음에 또 사오란다. 하하하하하!

금채네 일상은 이렇듯 평범하다. 누구나 다 가족을 아끼고 사랑하며 살듯이 말이다. 앞으로도 작은 행복이지만 금채는 그 행복을 엮으며 더 잘 살아갈 것이다. 우리 모두 웃음으로 남은 인생을 잘 살아갑시다. 하하하하하!

그냥 막 퍼 줍시다

남편 없이 아이를 키우는 여인이 있었다. 아이 분유를 사야 하는데 가진 돈은 겨우 꾸겨진 구천원이 전부였다. 그래도 아이 분유는 사야 하기에 모퉁이를 지나 구멍가게로 가서 분유를 골라 계산하려고 하니 윽! 분유가격이 만사천원이란다.

순간 아이 엄마는 힘이 쭉 빠진 모습으로 가게 문을 나서야 했다. 아이 엄마의 안타까운 모습을 지켜보시던 마음 착한 주인 아저씨가 재치있게 사랑을 나누는거다.

"에헤? 분유통이 바닥에 떨어져서 통이 찌그러져 버렸네. 이봐요. 애기 엄마! 분유통이 찌그러져 버렸으니 반값만 내고 가져 가요"

아이 엄마는 머리가 땅에 닿을 정도로 절을 하고 이천원이나 남긴 상태로 발걸음도 가볍게 아이가 있는 집으로 걸음을 옮겼다. 이날 가게 주인 아저씨는 7천원으로 천국을 만든 것이다.

이 이야기는 고대병원에서 웃음강의시에 사용했던 금채의 강의내용 중 일부이다. 날이 추워지니 문득 이 글이 생각났다.

그 때는 병실에서 보호자나 환자에게 서로 오가는 말들도 한 번씩만 더 생각하며 예민해진 서로에게 상처되는 말들이 아니라 희망과 사랑이 담긴 대화가 오고 가기를 바라는 마음으로 전했던 이야기였다.

우리 주변에는 불황 탓에 생활이 어려워진 이웃들이 많다. 물질적으로 도움의 손길이 될 수 있다면 더할 나위 없이 좋은 일이지만 그렇지 못하더라도 누구나 행복을 나누어 줄 수 있다.

오고 가는 말 한마디로 상대에게 따스함을 전할 때 살맛나는 세상이 되는 것 아니겠는가? 우리 모두 사랑이 듬뿍 담긴 말들을 습관화 해 보자.

지인 중에 금채에게 웃음기법을 배우려고 멀리에서 찾아오시는 분이 있다. 금채는 그분의 태도가 고마워 내가 가진 여러 강의 기법들을 아낌 없이 알려 드렸다. 사람들 중에는 자기가 가진 노하우를 서로 나누려고 하기보다는 혼자만 사용하려고 공개를 거부하는 분들이 많다.

나누어 주자. 퍼 주자. 아낌없이 서로 나누다 보면 더 좋은 일이 생기지 않겠는가? 고인 물은 썩고야 만다. 그리고 생명들을 죽이고 만다. 그러나 흐르는 물에는 생명체가 살지 않는가? 나눌줄 아는 금채가 될 것이다. 하하하하하!

기특한 녀석

토요일 !아주 추운날이었다. 퇴근 후 언제나 제일 먼저 나를 반겨주는 것은? 사랑하는 귀염둥이 우리 셋째 뽀송이이다. 하하하하하!

뽀송이가 어느 날과 다름없이 반갑게 뛰어나와 나를 반기는데 뽀송이가 그날따라 옷을 두벌이나 입고 있었다. 하하하하하! 뽀송이에게 물어 볼 수는 없고 그 모습을 보면서 배꼽을 잡고 웃었다. 하하하하하!

거실에 들어서자마자 "누가 뽀송이에게 옷을 두벌이나 입혔남?" 했더니 아들이 그랬단다. 뽀송이가 행여라도 추울까봐 모자까지 달린 옷으로 골라 따뜻하게 두벌을 입혔다는게 아닌가? 하하하하하!

뽀송이는 우리 아들의 고마운 마음을 알까? 아들은 키가 182센티미터나 되는 녀석이 사춘기가 되어 누나와 엄청 싸운다. 아직 어려서 이해심도 부족하고 덩치만 크지 아기 같은 구석이 많다. 그럼에도 불구하고 뽀송이가 추울까봐 따뜻한 집안에 있는 강아지에게 옷을 겹겹으로 입혀주는 따뜻한 마음에 기특한 녀석이란 말이 저절로 나왔다.

강아지이건 사람이건 따뜻한 마음이 모여지면 살아갈 맛이 배가 되지 않을까 싶다.

남을 사랑하기보다 내 자신을 사랑하는 버릇이 생기면 이기적으로 살아갈 수 있다. 작은 일이지만 남을 배려하고 남에게 사랑을 베푸는 것을 배운다면 훗날 더 큰 사랑을 실천하는 멋진 사람이 될 것이다.

오늘도 많이 춥다. 남편에게 자녀에게 이웃에게 동료에게 두루 두루 따뜻한 마음을 전하는 날이 되면 어떨까? 이 추운 날! 따뜻한 보금자리도 있고 함께 웃을 수 있는 사랑하는 가족도 있으니 금채는 너무나 행복하다. 이 행복에 장단 맞추어 오늘 밤에도 금채는 웃음 춤을 춘다.

하하하하하!

금채의 보석같은 이야기

추방을 걱정하는 남성이여!

아침 출근길에 라디오에서 문득 들은 이야기를 옮겨본다.

남자들이 연령대별로 쫓겨났다네요.

40대 아내에게 라면 끓여달라 해서
50대 아내 외출하는데 어디 가냐 물어서
60대 아내 외출하는데 따라 가면 안 되냐구 물어서
70대 어쩜 좋아~ 왜! 쫓겨났는지 이유도 모른데요.

　하하하하하!

남자들은 나이가 들수록 불쌍한 존재인 것 같다. 우리 남편은 몇해 전부터 부부 동반 모임만 가면 자기는 집에 가자마자 앞치마 메고 청소기부터 돌린 후 빨래하고 설거지하고 집안일을 다 한다고 입버릇처럼 늘~ 말하곤 했다. 그 당시는 손 하나 까딱 않던 사람이라 내가 그 소리를 들을 때마다 화가 났다.

그래서 하루는 부부 모임을 마치고 돌아오는 길에 한번만 더 그 소리하면 "둑을줄 알어" 하며 심하게 남편을 협박했다.

그리고나서 몇 년 후…. 정말 '말이 씨가 된다' 는 것처럼 실감나게시리 이젠 정말 밥하고 찌개하고 빨래 정돈하고 집안 구석 구석 청소하고 오히려 나보다 더 깔끔하고 맛있게 주부 노릇을 잘 한다. 남편 덕에 금채는 살짝 뒷정리만 하면 집안 정리 끝이다. 하하하하하!

가끔 금채는 남편이 만든 요리를 먹으면서 남편 이름을 부르며 남편에게 장난도 건다. 물론 애교스럽게 말이다. 그것만으로 끝낼 금채가 아니다. "누구님!(남편이름)표~ 청국장 맛이 아주 그냥 죽여줍니다요." 하며 문자까지 덤으로 보내 주곤 한다. 하하하하하!

혹시! 금채 남편이 추방된 남편들을 만나서 추방담을 단단히 듣고 마음에 반성이라도 한걸까? 아무든 남편은 세월이 지나며 많이 변했다. 이젠 우리집에서 금채가 대장인 것 같을 정도로 말이다. 하하하하하!

부부가 서로 정답게 사는 길은 다소 힘들더라도 조금씩만 양보하고 조금씩만 도우며 사는 것이다. 아내들은 힘든 가운데 집안일까지 도와준 남편에게 칭찬과 격려를 아끼지 말아야 한다. 아예 남편을 죽여 줄 정도로 칭찬으로 흠뻑 적셔 주어야 한다. 가끔은 사랑하는 남편 엉덩이도 툭툭툭 두들겨 주면서 말이다. 하하하하하!

부부란게 무엇인가? 부부는 서로 도와주는 커플이지 않는가? 둘이 하나가 되는 것이 부부이지 둘이 각자 둘로 남는 것은 부부가 아니다.

그러므로 이왕 한 몸이 되었으니 남편 생각이든 아내 생각이든 둘이 적정한 수준에서 범벅이 되어야 조화가 이루어진다. 금채도 가끔은 궁합이 안 맞을 때도 있다. 그러나 궁합을 맞출려고 노력한다. 틈만 나면 남편에게 사랑 표현도 보낸다.

문제는 관심이다. 남편에 대한 관심! 아내에 대한 관심! 관심만 있으면 해결되는데 말이다. 관심은 결국 사랑이다. 생각해주고 헤아려 주는 것이 사랑이기 때문이다. 사랑은 화목을 만든다. 그래서 행복을 이루어 간다. '가화만사성'이라는 말처럼 화목한 가정을 만들어 행복한 세상을 이루어 보자. 금채는 오늘도 그런 희망에 즐거워 콧노래를 부르며 신나게 살았다. 하하하하하!

모바일 뱅킹

인터넷 뱅킹 모바일 뱅킹 폰 뱅킹은 나와는 상관없는 일이라고 생각했다. 그래서 금채는 필요시마다 은행을 직접 방문하여 일을 처리하곤 한다.

그러던 얼마 전, 지인의 부탁으로 입금 부탁을 받았다. "지금 강아지 예방 접종하러 가는 중이라 번거러우니 내일하면 안될까?" 라고 했더니 "폰뱅킹 안하냐" 며 한심스럽다는 식으로 물어 왔다. 순간! 금채가 원시인이 된 기분이 들었다. 하하하하하!

"할머니들도 폰뱅킹 하는데 알만한 사람이 원시인처럼 왜 그러고 사냐고!"

그런데 정작 금채는 불편한 구석이 없는데 뭐! 어쩌란 말이냐? 하하하하하. 아무튼 더 이상 원시인 소리 안 들으려고 은행으로 가야만 했다. 은행 창구에서 모바일 뱅킹이 여러모로 편리하다기에 모바일 뱅킹을 신청해서 사용해보니 수수료도 안 들고 여러모로 꽤 좋았다.

나! 금채! 원시인 바보 멍충이로 인정! 꽝꽝꽝!!! 하하하하하!

나의 무지함을 인정하고 살자. 모르면 모른다고 하고 숨기지 말고 알리자. 모르는 것들은 알아가려고 노력하면 되는 것이니 말이다. 설령 내가 모르는 것이 많다면 내 전공 분야만큼은 누구보다 톱이지 않는가? 그러니 기 죽을일 없다.

얼마전에 있었던 일이다. 모임에서 초등학교 동창을 만났는데 대학 세 군데를 다녔다면서 자꾸 자기 자랑을 하는 것이 아닌가? 그런데 그 친구는 만날 때마다 그 이야기를 반복하곤 했다. 금채는 남의 잘남에 박수를 쳐주는 편이다. 물론 그 친구 역시 두뇌가 명석해서 현재 수학 강사로 아주 잘 나가는 인기강사이다.

금채는 언제나 칭찬하며 격려해 주는 편인데, 고놈의 소리를 하도 시도 때도 없이 들으니 아예 질려 버렸다. 그래서 하루는 그 친구에게 혼을 내어 주었다.

"짜 !!! 그래 니 잘났다. 하지만 수학에 너가 천재라면 다른 부분은 형편없잖냐?"

그랬더니만 친구는 그것을 인정하며 피시식 웃었다. 세상 사는게 그런것 같다. 금채 역시 누구보다 내 전공 분야에서는 자타가 인정하는 선두 그룹에서 달리고 있다고 생각한다. 내 분야에서는 열정적인 나를 동료들이 많이 부러워하며 본받고 싶어 한다.

헌데 나와 상관없는 부분에서는 정말 바보 멍청이이다. 내 분야에서는 눈이 말똥말똥하고 머릿속에 스펀지라도 들어있는 것처럼 쏙쏙 잘도 스며든다. 그러나 도통 나와 관계없는 분야에서는 말귀도 잘 못 알아듣는 자칭! 바보가 금채이다. 하하하하하!

금채는 늘 자신 만만하다. 오늘 하루도 금채의 입꼬리는 수없이 올라갔다 내려갔다를 반복했다. 의식하지 않는 사이에 입꼬리가 내려가 있으면 또 의식적으로 입꼬리를 올리며 하루를 살았다. 그러다 보니 금채에게는 오늘도 웃음으로 하루를 잘 살았다는 상장이 도착 되고 있다.

 '금채! 당신은 오늘도 웃음으로 하루를 잘 살았기에 이에 칭찬하고 표창합니다. 금채 당신은 참으로 예쁜 여자입니다. 금채가!

 하하하하하!

불량 주부와 삼겹살

금채는 자칭 불량 주부이다. 주부로 다소곳이 집안 일에 재미를 느끼기 보다는 집 밖에서 일하는 것을 더 좋아한다. 게다가 책을 산더미같이 쌓아 놓고 열심히 공부하는 것도 무척이나 좋아한다. 그러다 보니 갈수록 살림하는 것과는 친하게 지내지 못하는 것 같으니 말이다.

한편 금채의 남편은 재치있고 센스티브한 남자이다. 그런 아내를 바라 보다 굶어 죽을것 같아 보였나 보다. 처음에는 주방에 조금씩 개입하더니 언젠가부터 살림을 도맡아 하기 시작했다. 얼마 전에는 남편이 살림 잘 하는 남편으로 'MBC생방송 오늘' 이란 프로에 가모장이란 주제로 온가족이 텔레비전에 까지 출연했지 뭔가? 하하하하하!

요즈음에는 남편이 오히려 금채보다 살림을 더 잘한다. 잔소리만 빼면 금상첨화일텐데…. 그것까지 바라면 양심에 털이라도 날 것 같아 그냥 남편의 잔소리는 못들은 척 참아준다. 하하하하하!

남편은 돈벌랴 살림하랴 참 바쁘게 살아왔다. 그래서 남편의 노후는 금채가 책임지겠다고 약속했다. 그 말을 책임지려고 금채는 요즈음 다양한 궁리 중에 있다. 하하하하하!

비오는 토요일 이야기이다. 퇴근하자마자 미소가 갑자기 오늘 따라 삼겹살이 먹고 싶단다. 잘 아시겠지만 삼겹살은 뒷처리가 불편하다. 그래서 늘 삼겹살은 밖에 나가 먹은터라 간만에 남편과 아이들을 위해 불량주부인 나로서는 큰 결심을 하였다.

즉시 마트에 가서 목삼겹을 오븐에 구울 크기로 썰어 사들고 왔다. 그리고 오븐 예열을 시키고 지글 지글 오븐에 적당히 구운 다음에 먹기 좋을 정도로 잘랐다. 그리고 다시 프라이팬에 노릇 노릇하게 살짝 더 익혀 내어 놓으니 맛이 예술이지 않은가?

삼겹살을 맛깔스럽게 입에 넣으며 맛있게 먹던 아들이 "지금까지 먹어본 삼겹살 중에서 이렇게 맛있는 삼겹살은 처음 먹는다"고 엄마를 칭찬한다. 남편 또한 셀프로 늘 혼자 챙겨 먹다가 모처럼 아내가 챙겨준 기름기 쫙 빠진 고기 밥상에 감동이 되었는지 정말 맛있다고 한 술 더 뜬다. 에고고고... 이런 자리를 자주 마련 못해 미안한거…. 하하하하하!

가족들과 함께 삼겹살 밥상을 차린 것이 뭐 대단하다고 이리도 칭찬을 받아야 할까? 돌이켜 생각해보니 그동안 금채가 가족들에게 불량주부였다는 말이다. 맞다! 지금까지 금채는 불량주부였었다.

가족들에게 삼겹살도 종종 구워 주지 않은 제 멋대로 편하게만 주부 역할을 해 왔던 어설픈 주부였음을 인정한다.

그러나 이제 앞으로는 아니다. 웃음&유머강사로서 성공하는 것보다 더욱 가족들에게서 성공하는 금채가 될 것이다.

요즈음 우리 주변에는 이혼율도 높아만 간다. 불행한 이야기들이다. 거의 모두가 맞벌이를 하다 보니 가족들간의 친밀도도 현저히 낮아져 가고만 있다. 부모가 집을 비우다 보니 아이들을 훈육할 어른들이 없다.

그래서 아이들은 제대로 된 훈육없이 몸만 자라고 나이만 먹어 어른이 되어간다. 결국 그렇게 자란 아이들이 어른이 된 세상은 무질서하고 혼란스러울 수 밖에….

불량주부인 금채는 말할 자격이 없겠지만 가족간의 따스한 사랑이 무르익는 그런 가정을 함께 만들어 가자고 외치고 싶다.

가족이 행복해야 국민이 행복할것이니까…. 하하하하하!

어제 먹은 웃음약의 효과

웃자고 이야기하자면....

금채는 초저녁엔 소도 잡는다. 하지만 아침 특히나 오늘처럼 추워지는 날 아침에 기상하는 일이란 무척이나 곤혹스러운 일이다. 금채는 사실 아침형 인간과는 거리가 멀다.

그런데 그런데... 오늘 아침에 일어날 때에는 조금 힘들긴 했지만 일어나서 주방으로 가서부터는 정신이 번쩍나는 것이 오늘 컨디션이 범상치 않았다. 하하하하하!

사실은 아침에 식구들이 있을 때에는 잠자기가 미안해서 일하는 척 하다가도 식구들이 나가고 나면 금채는 늘어지게 한숨 더 자다가 출근하는 게으름뱅이다. 더군다나 날도 가장 추운 오늘 아침 같은 날에는 미적거리는 것이 일상적이고 보통적인 금채의 습관인데 이상하게도 오늘은 아니었다.

오늘 아침 컨디션은 정말 원더풀이었다. 이상하다 싶어 잠시 생각을 해 보았다. 아하! 어제 웃음약을 과용했던 탓이었다. 웃음은 피곤을 물리치는데 그만이다. 웃음은 아무리 과식해도 부작용이 전혀 없다.

금채의 보석같은 이야기

어제 강의시에 금채는 수강생들에게 다이돌핀 이야기를 해 주었다. 지난번에도 언급했지 싶은데 다시 리바이벌 해보자면

 다이돌핀은

1. 여행을 할 때
2. 사랑을 할 때
3. 음악을 들을 때

엔도르핀보다 무려 4000배 높은 다이돌핀이 우리 몸에서 생성된다. 하지만 밋밋하게 여행하거나 음악을 들을 때에 생성되는 것이 아니라 여행하거나 사랑하거나 음악을 들으면서 감동을 받을 때 다이돌핀 호르몬이 생성된다. 한가지 추가하자면 신앙있는 분들은 절대자이신 하나님을 믿을때 다이돌핀 호르몬이 팡팡 터져 나온다….

어제 강의를 하며 금채에게도 다이돌핀이 무지막지하게 생성된 까닭에 오늘 아침 금채의 컨디션이 최상이었던 것이다. 그렇다! 감동의 오버 액션은 명약중의 명약이다.

가령! 사물을 바라볼 때 '저기 낙엽이 있네!' , '가을이 왔나봐' , ' 음식맛이 괜찮은데' 와 같이 뭐 이렇게 밋밋하게가 아니라 다소 오버 액션을 취하라는거다. 오버 액션으로 인해 감동하는 것은 돈드는 것도 아니지 않는가?

돈 안 들이고 감동만으로 다이돌핀 호르몬을 마구 마구 생성시키면 생체리듬도 올라가고 면역력도 향상된다. 결국 누이 좋고 매부 좋고 도랑치고 가재 잡고 마당 쓸고 돈 줍는 격이 된다. 하하하하하!

그래서 금채가 몇가지 제안을 한다. 다들 알고 있는 내용이겠지만 실천하지 않는다면 아무 소용이 없는 일이다. 생활에서 조금씩이라도 실천해 보자. 그리하면 병원에 당신의 이름이 적혀지지 않을 것이다.

1. 하루 한가지 이상 선한일 감동 받을 일을 하자.
10. 하루 10번 이상 웃자.
100. 하루 100글자 이상 쓰자.
1000. 하루 1000글자 이상 읽자.
10000. 하루 만보 이상 걷자.

웃음과 더불어 꼭 실천하자. 하하하하하!

웃음 엑기스

웃음치료사이거나 웃음에 관련된 일을 하는 분들은 서울대병원 이임선간호사님을 거의 아실 것이다. 금채가 존경하는 분이고 개인적으로 친분이 있어 여러 모양으로 닮고 싶은 분이다. 그런데 그분을 우연히 텔레비전에서 보게 되었다.

비록 텔레비전에서 만났지만 참 반가웠다. 특히 웃음강사인 나로서는 웃음이 필요한 곳이라면 어디든지 찾아다니며 웃음을 전해야 되겠다는 생각을 많이 하게 되었다.

이임선님은 몇 해 전 교통사고 후유증으로 집에서나 직장에서 치명적인 실수들을 경험하는 가운데 의사 선생님의 권유로 반신반의 끝에 웃음을 접하셨다고 한다. 그래서 지금은 최초 웃음 임상치료사로써 다양한 활동을 하고 있고 웃음강사들의 우상으로 우뚝 서신 멋진 분이시다.

웃음은 만가지 질병을 고치는 명약이다. 우울증 교통사고 후유증 각종 암 류마티스 등 다양한 고통들을 해결하는데 가장 효과적이고 부작용이 없는 것이 바로 웃음치료이다.

금채 역시 웃음을 접하고 나서부터 각종 스트레스에서 해방되었다.

그리고 남편도 피곤한 스타일이던 금채가 웃음과 더불어 부드러운 여자가 되어져서 생활하기가 많이 편해졌을 것이다. 하하하하하!

사람들은 너무나 고민을 많이 한다. 까짓거 호탕하게 한번 웃고 훌쩍 날려 버리면 될 것을 왜 고민하고 곱씹고 또 곱씹는지 이해가 안된다. 결국 그렇게 고민해서 해결 될 일이라면 얼마든지 고민해야 한다. 그러나 고민한다고 해결되기 보다는 고민하다가 병만 생기지 않는가? 고민은 어리석은 짓일 뿐이다.

고민스러운 상황에 크게 웃어 보시라. 한바탕 웃고 나면 시원해진다. 그리고 잡스러운 생각에서 벗어나게 된다. 그러니 자연히 웃음으로 치료가 되는 것이다.

웃음은 여유를 만든다. 표독스럽게 덤벼드는 상대를 만났다고 하더라도 마음속으로 웃어넘기면 싸움이 번질 가능성이 낮아지게 된다. 결국 웃음이 만사형통의 지름길이 되는 것이다. 그래서 금채는 사람들을 만나면서 신경전을 벌여 신경을 곤두세우며 사는 어리석은 멍청이 학교를 자퇴한지 이미 오래 되었다. 어리석은 멍청이학교를 자퇴하고 나서 웃음학교에 진학하였으니 평생 웃음학교 재학생으로만 지낼 것이다. 그런 생각만 해도 행복한 생각이 금채를 또 붕붕 뜨게 만든다. 하하하하하!

조금 전 사랑하는 아들에게서 또 나를 웃게 하는 문자가 왔다.

 '금채 고객님! 아들 핸드폰 바꿔 주실 때가 되지 않으셨나요? 핸드폰을 바꿔 주실 때 아드님과 함께 방문해 주세요. 학생들이 좋아하는 폰은 갤럭시폰이에요. 사 주시면 아드님이 엄청 좋아할겁니다.'

하하하하하!

몇 일 전부터 갤럭시폰 노래를 불러 안 들린다고 못들은 체 했더니 문자로 엄마를 웃긴다.

어딜 가나 사랑받는 자식

언니에게서 김장이 배달되어 왔다. 진한젓갈향이 물씬 풍긴 고향의 맛이다. 하하하하하! 밤 11시쯤 집에 도착해서 언니가 보내 준 김장 김치를 한 쪽 꺼내어 바로 시식에 들어갔다. '워메!!! 맛나분거!' 하하하하

지난번에 언급했듯 나는 배추 세포기가 나의 한계이다. 그래서 결혼 생활 19년 동안 김장은 한 번도 하지 않고 잘도 살아 왔다. 희한하게도 김장때만 되면 누군가가 보내 주었기 때문이다. 복 많은 금채! 살림 못하는 줄 알고 일 복은 없으니…. 하하하하하! 이 어찌 행복하지 않겠는가? 그런데 이러다가 혹시라도 금채에게 돌멩이가 날아 올라나? 하하하하하!

대부분의 여자들은 명절 증후군으로 명절이 임박하면 갖가지 없는 병도 생긴다는데 금채는 참 다행이다. 금채의 시댁은 명절에 아침식사하는 것이 큰 행사인데 금채가 하는 일은 고작 아침 먹은거 설겆이 한 번 하고 나면 숙제 끝이다.

점심엔 시누이집에 들러 설겆이라도 할라치면 "에고 저리가! 손대지 말고 자네는 과일 이쁘게 까니까 가서 과일이나 까!" 하며 싱크대 주변에는 얼씬도 못하게 한다. 하하하하하! 또 돌날아 오는 소리를 해 버렸다.

진짠데 말이다. 하하하하하! 여기에서 내가 하고 싶은 이야기는 돌맹이가 날아 와도 좋다. 하하하하하!

대부분 아이들 기르는 엄마 아빠 입장일 것이다. 누구나 부모에게 귀한 대접 받고 자라났겠지만 나는 8남매의 더군다나 막내에다가 그것도 늦둥이로 태어나서 특별한 사랑과 소중한 대접을 받고 성장했다. 그런 탓인지 살림살이도 할 줄 몰라서 잘 나서지도 못한다. 그러나 그런 상황들을 보면 금채에게는 힘든 일들이 내 차지가 안된다.

부모에게 귀한 대접을 받고 자라면 성장해서도 어디에 가나 귀한 대접을 받고 살아 갈 수 있다. 물론 자기가 할 탓일테지만 말이다.그래서 아이를 기르는 부모는 아이를 예의 바르고 귀하게, 사랑을 듬뿍주며 양육하면 그 아이들은 어떠한 위기가 닥치더라도 어릴적 받은 부모의 넘치는 사랑을 기억하며 인내할 줄 알 것이며 좌절하지 않고 위기 상황들을 웃음으로 잘 대처해 나갈 것이다.

사실 사회문제나 특히 청소년 비행문제는 문제 가정에서 발생한다. 가정에서 애정 결핍을 받고 자란 아이들은 심성이 삐딱해지게 되고 탈선하게 되어 세상을 깨어진 눈으로 바라보게 된다.

그러다 보면 그들은 반항적인 심리 상태가 되게 되므로 사회 불안을 일으키는 사회적 일탈자들이 되기 쉽다. 가정교육의 부재, 가족애의 결핍은 행복한 세상을 만드는 일을 방해하는 독극물이다.

결국 아이들의 문제는 부모들의 무관심과 무책임에서 비롯되는 어른들의 문제이기도 하다. 그래서 금채는 강의 시간에 가족간의 친화력과 끈끈한 가족애 회복이 참으로 중요하다고 역설한다. 그리고 그것의 가장 좋은 치료제는 웃음치료임을 강조하면서 말이다.

우리가 이 시대를 살아가면서 힘들더라도 웃어야 할 이유가 거기에 있다. 웃음은 돌같이 굳은 마음을 녹이는데 즉효를 발휘한다. 슬픔을 가진 사람도 코메디 프로를 자꾸 보다 보면 슬픔이 안겨주는 슬럼프에서 해방되게 된다.

우울증도 마찬가지이다. 어떤 약을 먹어서 우울증을 치료하려고 한다면 그것은 일시적이고 부분적인 치료일 뿐이다. 그러나 웃음으로 치료를 시작한다면 완전한 치료가 가능하게 된다. 지금부터라도 아이들에게 사랑을 심어주는 어른이 되자고 웃음전문가 금채강사는 강력히 주장한다. 하하하하하!

좋은 일이 있으리라 크게 있으리라

요즈음은 거의 날마다 구름 낀 날들이다. 구름이 잔뜩 낀 날들이 연속되다 보니 가끔은 지루함도 생기고 짜증도 생긴다. 그래서 밝은 태양 빛이 정말 고마운 것이다.

인생을 살다보면 어찌 즐거운 날만 있으랴? 인생은 어쩌면 미지의 깊은 터널 속을 여행하는 것과도 같지 않은가? 이 세상 그 누가 자신의 미래를 미리 알고 사는가? 자신의 미래를 희망할수는 있으나 아무도 정확하게 알지는 못한다.

그렇기 때문에 어쩌면 인생은 복걸복이다. 그것을 철학자들은 운명이라고 하고 신학자들은 예정이라고 말한다. 아무튼 그 말이 그 말이다. 운명이든 숙명이든 예정이든 간에 우리들의 자의적이고 자력적인 부분이 별로 없다는 말이다.

그렇지만 그런 것만은 아니다. 금채는 미래에 대해서 희망이 가득한 여인이다. 스피노자가 '내일 세계의 종말이 온다고 하더라도 한 그루의 사과나무를 심겠다' 라고 했듯이, 금채 역시 희망의 사과나무를 늘 심으며 부지런히 살고 있다.

그리고 그러한 노력은 죽는 날까지 계속 될 것이다.

오늘은 날씨 탓에 금채가 조금 꿀꿀한 상태가 되어 있었다. 그런데 금채의 지인이 금채가 보고 싶다며 멀리서 한걸음에 달려오셨다. 그리고는 맛있는 점심을 사 주셨다. "금채 사무실에 오셨으니 금채가 대접해야죠?"라고 했더니 아니란다. 덕분에 금채는 맛있는 점심 플러스 유쾌한 기분 전환까지 되었다.

인생이란 늘 고달픈 가시밭길이 아니다. 오늘 낮에 금채가 생각지도 못했던 대접을 받았듯이 하나님의 선물이 계속 기다리고 있기 때문이다. 그래서 금채는 늘 희망적이고 생산적이고 적극적이며 열정적인 삶을 살아가야 한다고 주장하는 것이다.

물론 이렇게 말하는 금채도 가끔은 슬럼프에 빠져서 허우적거리는 날도 있다. 부부간에도 그럴 수 있고 아이들로 인해서도 그런 날이 있을 수 있다. 또한 금채가 하고자 하는 일과 관련하여서도 그럴 수 있다.

그런데 가만히 생각해 보니 그러한 허우적거림은 모조리 헛된 것만은 아니라는 사실이다. 금채를 철들게 하고 더 좋은 깨달음으로 인도하는 연단이기도 하기 때문이다.

금채는 하나님을 신뢰하는 신앙인이다. 그래서 기도할 때마다 용기를 갖는다. 그 용기는 하나님이 금채와 함께 해 주실거라는 신앙에서 비롯되어지는 용기이다.

'좋은 일이 있으리라. 크게 있으리라!'

금채가 늘 좋아하고 되새김질 하는 찬양곡이다. 금채는 말한다.

'가족들이든 이웃들이든 누구에게든지…. 오늘과 내일은 다른 것'이라고 말이다. 그렇지만 내일은 오늘의 결과라고 말이다.

오늘 우리가 행복의 웃음을 심으면 내일 우리는 행복의 열매를 따 먹을 것이다. 오늘 우리가 기쁨을 잔뜩 심고 다니면 내일 분명 당신은 너무 기뻐 웃느라 어쩔줄 모르는 사람이 되어 있을 것이다. 그러므로 우리 모두 자신감을 갖고 살아가자. 자신감은 당신을 살찌우는 무공해 영양제이다. 하하하하하!

프로는 핑계하지 않는다

무척이나 추운 날이다. 아침에 부시시 일어나 대충 준비를 하고 교회를 가는데 무척이나 추웠다. 그래서 문득 드는 생각이 있었다. 그것은 오늘은 너무 추우니 이불속에서 엑스레이나 앞판 뒤판 찍자는 것이었다. 생각대로 집에 일찌감치 돌아와 남편이 끓여주는 라면을 맛있게 먹고 이불속으로 직행하였다. 하하하하하!

그리고 남편 모임이 있어서 3시에 시계를 맞춰두고 사이좋게 한숨 늘어지게 잤다. 알람이 울림과 동시에 나의 머릿속에 맴도는 말이 있었다.

'프로는 핑계하지 않는다.'

머리로는 움직이는데 몸은 계속 잠자고 싶었다. 그러나 '나는 프로니까 벌떡 일어나자' 하고 일어나서 샤워하고 머리도 감고 꽃단장을 곱게 하고 집을 나서는데 기분이 유난히 상쾌했다.

강의를 위해 석촌 호수길을 접어들어 한가로이 걷는 기분이 정말 좋았다. 앙상한 가지에 남아 있는 겨울 단풍들 또한 예술이었다. 하기사 예쁜 금채의 눈에 아름답지 않은 사물이 어디 있을까? 하하하하하!

열강을 하던 중 "정말 오기를 잘했네요. 추운날도 아랑곳 하지 않고 나온 저도 프로지만 여러분은 더더욱 프로이십니다." 하였더니 모두들 박장대소를 하며 웃는다. 또한 청중들에게 "우리 모두는 프로다." 라고 말하여 한바탕 프로임을 증명하는 멋진 시간이 되었다.

아마도 오늘은 웃음클럽에 가지 않고 산발을 한 채 방바닥에 푹 퍼져 있었다면 저녁도 라면을 먹었지 싶다. 열심히 웃고 활동하고 나니 가족들이 더 사랑스럽게 보여지고 가족들에게도 예쁜 엄마로 보여지니 일거양득 이지 않은가? 프로인 만큼 주부로써도 실력을 발휘해 사랑과 정성을 가득 넣어 맛있는 요리를 만들었다. 그리고 식구들과 기분 좋은 한 겨울밤의 저녁만찬을 즐겼다.

"주부들이여! 주부가 일어나면 가정이 일어납니다. 주부가 살면 가정이 삽니다. 우리가 일어나고 생기를 발하여 가족들에게 기를 팍팍 불어 넣어 줍시다!" 하하하하하!

미용계의 대부 박준 회장님

이 세상을 사는 이라면 누구나, 가슴 한 켠에 성공을 갈망하는 마음이 있기 마련이다. 나 역시 경제적, 정신적으로 풍요로운 인생을 이루기 위해 늘 자기 개발에 몰두한다. 사회적 지위나 경제적 여건 등 보통 이상의 삶을 꾸려, 해야 할 일과 하고 싶은 일이 많기에 나는 노력을 멈추지 않는다. 소외된 이들에게 위로와 기쁨이 되는, 모두가 더불어 잘 사는 세상을 만들고 싶은 것. 그것이 내 궁극적 목표다.

내 목표를 현실로 만드신 분이 있다. 남들은 하지 않는 일, 남자들은 나서지 않는 분야에서 괄목할만한 성공을 이루신 분, 미용업계의 대부 박준뷰티랩 박 준 대표님이시다.

박 준 대표는 여성들의 분야로 대표되던 미용 계에 과감히 출사표를 던졌다. 하지만 여자들의 전유분야란 인식이 팽배한 미용 계에서 남자 미용사로 자리를 잡는 것은 결코 쉽지 않았다. 단순히 남자라는 이유 하나로 그는 손님들의 거부와 따가운 시선을 받아야 했고, 그러한 편견들을 몸소 깨 보여야 했다.

나는 여러 어려운 환경과 조건을 극복하며, 최고의 미용사가 돼야 한다는 꿈 하나로 모든 것을 감수하고 감내한 그의 도전과 치열한 노력이 오늘날의 박 준 대표를 탄생 시켰다고 생각한다.

남성들의 입지가 좁은 미용 분야에서 대한민국 최초의 남성 미용사로 시작해, 국내 처음으로 미용 프랜차이즈 사업을 일군 선구자가 됐지만 그는 아직도 헤어 디자이너의 본분을 잊지 않는다. 매주 수요일, 박 준 뷰티랩 청담 본점에서 고객들을 맞으며 미용인으로서의 면모를 유감없이 발휘하고 있다. 박 준 대표의 끝없는 연구와 노력으로 현재 박 준 뷰티랩은 국내외 170여 개의 프랜차이즈를 두고 있을 뿐 아니라, 대한민국에서 가장 '경쟁력 있는 미용 브랜드' 소비자 선호 부문 부동의 1위를 고수하고 있다. 또한, 미용 뷰티양성교육기관인 박 준 아카데미를 운영하며 차세대 미용인 발굴에 심혈을 기울이고 있다.

미용 계에 입문한 초창기 박 준 대표가 이겨내야 했던 시련과 고독처럼 내게도 시련과 고독이 찾아오지만, 나는 그것들이 불편하지 않다. 시련과 고독은 나 스스로를 단련시키는 가장 좋은 영양분이기 때문이다. 단맛만으로는 그 누구도 우뚝 설 수 없다. 세상의 단 맛과 쓴 맛이 적절히 조화된 멋진 인생을 갈구하며, 그에 맞게 여러 도전을 해 오던 나는 그 과정에서 박준 대표의 일대기를 접했다.

내가 알게 된 그의 삶은 내 도전 정신에 좋은 자극을 줬고, 큰 위안이 됐다. 내 삶을 더욱 진취적으로 끌고 갈 수 있게 한 교과서가 된 것이다.

남보다 앞 선 유행의 선두주자, 국내 최대 규모의 미용 프랜차이즈 대표 등 누구나 존경하고 탐낼만한 여러 타이틀을 가진 박 준 대표는, 초등학교 졸업이란 학벌이 무색하게 여러 대학 강단에서 강의도 하고 있다.

'박 준' 하면 대한민국에 모르는 사람이 없을 만큼 비단 미용 계 뿐 아니라, 사회 전반에 걸쳐 많은 이들의 멘토로 손꼽히기도 한다.

늘 세련되고 멋지신 분이라, 세월의 흔적을 찾아볼 수 없다고 생각했는데 며 칠 전 지인에게 박 준 대표가 환갑이 다 돼 가신다는 이야기를 들었다. 참 많이 놀랐던 기억이 난다.

나도 남은 시간 동안, 그를 본 받아 앞으로 딱 10년 전력을 다 해 내가 원하는 분야에서 최고가 될 수 있으리라고 굳게 다짐해본다. 내게 꺾일 줄 모르는 도전 정신을 주신 박 준 대표님께 감사드린다. 불확실한 것 같던 나의 미래를 확실히, 확연히 볼 수 있게 된 나는 오늘 행복하다. 정말 정말, 행복하다.

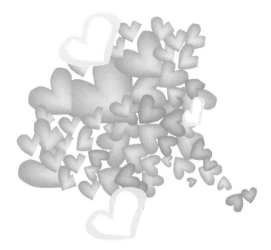

대원대학교의 젊은이여 꿈을 멋지게 펼쳐라!

우와! 리무진을 타고 학교 다녀 보신 분???? 글쎄 대원대학교는 리무진을 타고 통학을 하네요. 그것도 무료로요. 하하하하

충북제천에 위치한 대원대학교는 www.daewon.ac.kr 취업에 강한 대학이다. 지난 1995년에 8개 학과 720명으로 출발하여, 17년 만에 29개 학과로 특성화된 대학교로 성장 했으니, 보는 이마다 대학 발전에 탄성이 절로 나온다.

대원대학교의 지나온 발자취를 잠깐 살펴볼까?

1997년에는 전국 158개 전문대학 중 8개 대학을 선정하는 교육여건 우수대학에 지정되었고, 제천의 향토 산업인 한방약초산업을 활성화해 지역경제를 지원하는 프로그램을 개발 "특성화사업 우수대학 및 향토 산업 거점대학" 으로 선정되었다. 2000년에는 중소기업청으로 부터 창업보육센터 사업자로 지정받아서 지역의 벤처기업을 중점 육성하고 있다고 한다.

2001년 이후에는 산업체, 학교, 연구소 컨소시엄을 구축하고 중소기업 기술지도사업 대학으로서 역할을 다하고 있으며, 대원대학교는 창업보육센터, LST센터, 제천여성새로일하기센터, 방문간호요양센터, Nice청년사업단, 산학협력단을 통하여 지역 산업체에 대한 기술지원, 신기술개발 및 보급 사업을 하고 있다니 와우! 지역사회에서는 대원대학교가 보물단지다.

대원대학교는 일류대학으로 비상할 확실한 비전을 가지고 있다. 건실한 재단, 미래를 대비하는 기획력, 창의적이고 헌신적인 교육자 사명을 갖춘 교수진, 꿈과 열정을 가진 학생들이 있기 때문이다. 이런 대원만의 인프라와 자신감을 바탕으로 일류대학으로 비상하기 위해 적극적인 도전의식을 가지고 변화를 주도하고 있는 것이 그 증거다.

이런 도전과 변화의 흔적은 캠퍼스 곳곳에 교육환경의 개선과 교육의 내실화로 나타나고 있다. 학생중심 네트워크 생활관, 아름다운 캠퍼스, 강의실 및 실습실 냉난방 시설 완비 및 최첨단 멀티미디어시스템을 구축, 학생이 편하게 쉴 수 있는 학생 복지시설 대폭 확충 등을 통하여 교육환경을 최첨단화를 통해 실현해 가고, 교직원의 남다른 교육 열정에 기반을 두어 학생들과 함께 호흡하고, 품성과 재능 개발에 혼신을 다하며, 실용화 시대에 맞는 교과과정, 학생 중심의 눈높이 교육, 흥미와 동기를 유발하는 감성 교육을 통해 학생들의 학업 성취도를 높이고 있는 모습이 감동적이다.

우리아이들이 전공을 살려 열심히 공부한 가운데 취업이 생각처럼 잘 이뤄지지 않는다면 그것만큼 낭패가 아닐 수가 없다. 갈수록 실업난으로 고통을 받고 있는데 대원대학교는 95%에 다다른 취업률을 자랑하고 있다. 또한 특화된 학과 설치에도 신경을 많이 쓰고 있다. 철도교통의 요충지인 제천은 코레일 수도권철도차량관리단이 제천에 이전할 예정이라 한다. 철도관련 산업인력 수요가 증대될 것을 예상하고, 철도전기제어전공, 철도차량정비전공, 철도건설과, 철도경영과를 개설하여 특화된 철도 산업 전문인을 양성함으로서, 양적으로나 질적으로 절대 뒤지지 않은 취업이 강점이다.

충청북도 부교육감 으로 공직을 마무리하고 대원대학교 총장님으로 취임하신 김효겸 총장님의 마인드에 의해서 나날이 발전해가는 대원대학교에 힘찬 금채 응원의 박수갈채를 보내 드린다.

글로벌시대의 주인공으로 우뚝 서려면 물론 지식도 따라주어야 하지만 품성 또한 무척 중요함을 강조하시는 멋진 총장님!!이시다. 품성, 인간관계 목표의식을 학생들에게 심어 주시기에 지식만 가득 들어 목에 힘들어가는 교육방침이 아닌 이야기가 있고 가슴 따듯함을 가슴 가득 심어 확신한 목표의식의 중요성을 강조하시는 총장님!

높은 취업률을 자랑하신만큼 어느 곳에 취업 되어도 상사에게 인정 받고 동료에게 인기 많은 풋풋한 젊은이로서 세계를 지배해 나갈 수 있는 자신감 가득함을 대원대학교 을 통해 배우고 익혀 나아가는 젊은이들의 모습들이 꽤 인상적이다.

교수님들 또한 사랑의 멘토링을 통해 제자들과의 관계가 마치 가족 같은 분위기로 함께 배우고 공부함에 있어 스스로 우러나서 각 분야에 최선을 다함을 선보임도 또 다른 대원의 매력이다.

참! 정감이가며 인간미도 풍겨 꿈과 희망을 간직한 대학생을 둔 부모로서 솔깃하며 우리아이들도 대원으로 하는 생각을 가져 보는 계기가 되는듯해 흐뭇하며 훈훈함을 느낄 수 있다며 우리나라 미래가 대원을 통해 더욱 밝아질 수 있음을 기대해보며 따스한 대학을 새롭게 알아본 금채! 젊은이들의 희망을 엿볼 수 있어서 행복하다. 가슴이 따스해져 온다.

큰(大) 교육으로 으뜸(元)을 추구하는 대원대학교!
우리의 미래를 책임질 대원대학교의 젊은이들이여!

꿈을 멋지게 펼치라고 명강사 금채 큰 소리로 외칩니다. 하하 하하하

숨길 수한의원 상담실장 금채의하루

나의 또 다른 직업은 한의원의 상담 실장 이다. 대체의학을 끝없이 연구 하는 가운데 원장님과 인연이 되어 환자분들의 가려운 부분을 속시원하게 긁어 주는 건강상담은 제법 매력이 있다.

우리 한의원은 비염 전문 병원이다.

"숨길을 열다" 라는 이름 하에 나도 비염으로 고통 받는 남녀노소에게 새희망을 주는 역할을 톡톡히 하고 있으며, 자부심을 느끼고 매일을 기분 좋은 마음으로 임하고 있다.

우리는 세상에 36.5℃로 짠~하며 태어난다. 그 온도를 유지하며 살아 간다면 크게 건강에 문제가 생기지 않으련만. 현대사회를 살아가는 우리들은 조금만 더워도 인내하지 못하고 바로 에어컨, 선풍기, 냉음료를 끼고 살아간다. 이런 삶에 익숙하다보니 우리 인체는 점점 35℃가 되어 가는 가운데 비염을 비롯, 각종 암과 같은 다양한 질병이 찾아오게 된다.

비염은 내몸을 냉하게 방치 하는 가운데 생기는병 이라 해도 과언이 아니다.

생각없이 벌컥벌컥 마시는 찬물, 밀가루음식(밀가루는 성질 자체가 냉하며 국수,빵,과자류를 즐겨 먹으면 우리몸은 자동으로 냉해진다.), 인스턴트 식품, 피자, 햄버거등에 포함된 각종 화학물질 등이 비염을 불러 오며 우리몸을 병들게 만든다.

하지만 이렇게 말하는 나도 피자를 좋아해 어제도 먹었다.(하하하하하!) 음식이니 안먹고 살수는 없다. 적당히, 그리고 가끔. 주식처럼 먹는 걸 줄이자는 이야기다.

'숨길을 열다' 한의원에 근무하며 거듭 느끼는 것만 이 세상의 바른길이 필요하다는 생각이 든다. 숨을 쉬는 길이 올바로 열려야 건강해지며, 음식이 들어가는 길 역시 바른 음식이 들어가야 건강해지는 것을 매번 절실하게 느낀다. 그리고 숨길과 음식의 길이 환경을 공유한다는 것을 배웠다.우리 숨길한의원의 치료는 특이하게 위장과 췌장을 치료하는 비위를 맞추는 것부터 치료한다. 아무리 심한 비염도 비위 기능을 바로 잡으면 비염이 거의 다 치료되는 것이다. 왜 그런가 설명을 듣다 보면 참으로 신기하고 기특하다.

그리고 숨길의 다른 치료는 '대장을 살려라' 이다. 대장의 노폐물과 독소를 제거하는데 이것으로 비염도 치료되고 얼굴도 뽀샤시 되니 일석이조다. 그러다 보니 숨길을 치료하는 것이 먹는 것과 연관된 장부를 치료하여 이루는 것이다.

'비위를 맞춰라'

'대장을 살려라' 어떻게? 건강한 식생활로

내 스스로 대체의학을 연구하기 너무 잘했다고 생각하는 것 중 하나가 음식이다. 사실 나의 식성은 초등학교 아이들 수준이었다. 문구점에서 파는 불량식품, 피자, 햄버거 등을 밥 먹듯 먹기가 일쑤였다. 하루는 피자를 주문하는 나를 바라보며 내 딸 미소가 한마디 했다.

"다른 엄마들은 아이들이 피자 먹자고 사정해서 먹는다는데. 어떻게 우리는 엄마가 피자를 더 좋아해?"라며 내게 핀잔을 줬던 기억이 있다. (하하하하..)

그 이후, 대체의학을 연구하며 홍채를 공부하는 가운데 나의 홍채를 찍어보니 불량식품 열심히 먹은 흔적이 그대로 장의 오염도로 드러난 것을 확인할 수 있었다. 그 후, 인스턴트식품의 양을 줄이고 웰빙 음식을 즐겨 먹으니 확실히 속도 편하며 안색도 좋아짐을 느낄 수 있었고, 몸도 훨씬 가벼워 졌다. 부끄러운 고백이다. 입만 즐거운 식습관을 한번쯤은 생각을 해본다면 좀 더 깨끗하고 건강한 몸을 가질 수 있을 것이다. 민간요법, 대체의학에 관심을 조금만 가진다면 누구나 건강하며 윤택한 삶, 월등히 뛰어난 삶의질을 누리며 살 수 있다.

다시 "숨길을 열다." 비염전문병원으로 돌아가자면 사람이 체질이 변하는 시기가 3~6개월인데, 그동안 많은 시간이 흘렀다는 걸 염두한다면 단시간에 효과를 보려는 욕심은 과감히 버려야 한다.

한 달 정도는 몸의 워밍업 정도랄까?

우리 몸 안은 차근차근 분명 좋아지고 있는데 대부분의 환자들은 겨우 한 달을 치료하고, 결국 이내 포기하고 만다. 그렇다면 그동안의 돈이며, 시간이며 모든 것이 도루묵이 되기에 비염 치료를 시작 했다면 적어도 3개월은 투자해야 원하는 만큼의 효과를 볼 수 있다.

잠시 나의 주변 이야기를 해보자면, 환자 중에 예쁜 여성이 있었다. 피부가 탐스럽고 참 매력적이었는데, 비염관련으로 식구들을 총 동원하여 전문병원들을 찾아 좋다는 건 다해보았는데도 소용이 없어 긴가민가 하는 맘으로 "숨길 홈페이지(www.soomgil.com)"를 통해 이제 비염치료는 마지막이란 생각으로 "숨길을 열다."의 문을 두드린 후 늘 해맑게 방실방실 웃는 모습으로 우리에게 기쁨을 준 그 사람. 3개월 목표 치료가 들어가 보름, 한달...이렇게 시간이 흐른 뒤 치료가 2달이 넘어갈 무렵, 치료에 가속도가 붙어 너무도 신기할 정도로 나아졌음을 늘 곁에서 지켜보셨던 그녀의 어머니는 딸의 비염으로 인한 고통을 누구보다 잘 아시기에 "비염도 나을 수 있네~!" 하시며, 그 뛰어난 치료 효과에 당신께서 여기저기 숨길을 알리는 홍보위원 역할을 자청하실 정도란다. (하하하하하~! 이런 효과의 즐거움이 자주 있기에 보람찬 기분 굿!!!)

전국에 50여점의 숨길을 열다 전문병원이 있는데 다양한 희소식으로 상담함에 있어 나날이 기쁨이 넘쳐나는 느낌에 뿌듯하기만 하다. 비염은 고질병으로 고칠 수 없다고들 생각한다. 그러나 그건 잘못된 편견이다. 비염에 맞는 치료약과 올바른 생활 습관, 웰빙 음식을 병행해 몸에 적응시킨다면 수년간 비염으로 인한 고통에서 해방될 수 있다.

초반에 언급했던 비염에서 해방되려면 약 잘 챙기기, 차가운 물과 음식 줄이기, 밀가루 음식, 인스턴트식품, 지나친 육류는 자제하기, 주5회 20분 이상 땀이 날정도의 유산소 운동하기, 따뜻한 비염차 수시로 마시기를 권해드리는 가운데, 이러한 부분을 잘 실천하신 환자분들은 안색이 밝아지셔서 고마움을 전하러 일부러 찾아오기도 하신다. 고질병인 줄로만 알았던 비염이 해소되니 신기하다며 기쁨을 함께 나누는 (보람을 자주 느끼는 - 생략) 요즘이 나에게는 재미있는 하루하루이다. (하하하하하!)

원장님과 나는 매일아침 큐티로 하루를 연다. 그 내용은 "남편에게 주께 하듯 하라." 하는 성경 말씀처럼 우리는 매일 "접하는 환자분들께 주께 하듯 하자.", "전문적인 의료행위와 환자분들에게 따스한 온정을 느낄 수 있도록 세심한 배려와 끊임없는 노력을 하자." 등의 결단과 발전의 시간으로서, 고요한 아침이 제법 많은 깨달음을 주는 유익한 시간이다.

그리고 웃음&행복 강사인 금채가 데스크를 자리한 후 환자들의 인상이 아니 한의원 분위가 확 바뀌었다. 금채가 가진 웃음에너지가 웃음의 바이러스가 되어 한의원을 가득 채우고, 환자분이 오시면 치료실 내지는 원장실로 가야 하는데 데스크에 머물러 금채와 담소를 잠시 나눈 후 치료를 받으시는 게 순서가 되어버렸다.(하하하하하~!) 이 모든 것이 금채가 잘나서가 아닌 웃음의 위력이리라 난 자부한다.

늘 하는 이야기지만 진정한 웃음은 치료약 숫자도 줄어들게 한다. 약 나오길 기다리지 못하며 재촉하는 환자와 약이 나올 때 까지 차분히 기다려 주시는 환자분의 약 숫자는 분명히 다르다. 무엇이든 생각하기 따라, 웃는 양에 따라 분명 약 숫자는 줄일 수 있다. 진정한 웃음 안에는 엔돌핀, 다이돌핀이 다량 방출되기에…. 그래서 난 끝없이 행복을 전파하며 웃음을 전파함을 즐긴다. 상담 중 금채의 말을 귀담아 들어 주시는 환자분들께도 감사드린다.

가끔 강의 시 풀어 놓은 내용들을 짤막짤막하게 한의원에서 환자분들과 함께 나눠드리면 평안과 위안을 얻어가는 분들을 보며, 금채의 넘치는 행복 에너지를 서로 공유하는 가운데 의료부분의 전문치료는 원장님이 하신다면, 내면 치료는 나의 몫으로 알고 최선을 다해 환자분들의 즐거운 상담자, 인체 전반적인 건강상담자 역할을 감당해 나가련다.

몸과 마음이 아픈 자들에게 평안을 줄 수 있는 내가 나는 참 좋다. 그래서 난 오늘도 변함없이 행복합니다. (하하하하하~~!)

금채의 행복에너지 팡팡팡

금채의 행복
에너지
팡!팡!팡!

6부 | 명강사 금채의
생동감 있는
강연현장 이야기

웃음&행복 디자이너 금채의 지에스데이타(주) 강의모습

경찰청 기동대 강의를 다녀와서

강사님들의 의견을 모아보면 대체적으로 근엄하신 교장선생님들과 경찰청 강의가 풀어 나가기 힘겹다는 이야기를 왕왕 듣는다.

그 경찰청기동대 혈기왕성한 분들이 빼곡히 모여 있는곳에 강의 섭외를 받아 열강을 하고 왔다.목소리도 우렁차고 절도 있는 젊은 오빠야들앞에서의 열강 서두엔 정말 갑갑했다.하하하하하! 하지만 내가 누군가???단 몇초만에 청중을 확!휘여잡는 선수 금채이지 않는가... 하하하하하하

자신감 만땅으로 하나 하나 작성해간 강의안 대로 슬슬 풀어나갔다. 맘을다해,서로 하나가 되면 어려울것이 없는것이 인생사 서두엔 슬슬이 솔솔로 바뀌어 이미 강사와 청중은 하나가 되어 웃음의 사랑꽃을 피어 나가고 있었다. 진솔한 웃음 이것이야 말로 어느곳에서나 예쁜꽃을 피게 할수 있는 무기이다.

웃음은 국경을 초월한 만국 공통어!웃어야하는이유를 제대로 가르켜 드리면 웃지 않을 이유가 없기에 모두 박장대소와 자연스럽게 친구가 될수 밖에 없다.특히나 딱딱한 제복에 사나이들은 카리스마속에 부드 러움의 미소가 살아 숨쉬여야 하기에 웃는법을 제대로 터득해야 한다.

스트래스가 많은일 일수도 있기에 맘가득 웃음을 채운후에 하루하루를 임한다면 각자 건강에도 유익할것이며 다소 딱딱할수 있는 일처리를 고급유 바르듯 매끄럽고 즐거운 일처리로 서로에게 기쁨의 배가되는 행복한 나날에연속일것이다.

웃음은 누구에게나 꼭 필요한 필수 에너지원이다.

강하면 부러진다.강함속에 웃음을 살포시 올려 놓으면 부드러움이 자연스럽게 믹스되어 내면과 외면의 안위를 얻어 우리나라를 이끌어 가는 한부분에 원활한 공을 쌓아가는 기동대 일원들이 될것이다.전혀 웃음이랑 상관없을것 같은 공간에도 웃음의 도가니탕으로 만든기술! 하하하하

이것은 곧! 웃음의 위대함 이리라.강의 시작전엔 그냥 본인들이 가진 우렁찬 목소리 였다면 강의중간,끝나갈즘...시간이 흘러 갈수록 감동과 감명의 우렁참으로 바껴짐을 느끼며 이세상 구석구석 웃음 전파에 더욱 박차를 가해야겠다는 결심을 하게 하는 뜻깊고 기분좋은 강의속 기쁨을 맞보는 순간이였다.

이런 축복되고 귀한일을 즐기며 해나가는 금채 오늘 역시 정말정말 행복합니다.

고려대학교 병원 웃음치료를 다녀온 후의 뿌듯함이란 ?

고대병원 환자,보호자대상 웃음치료를 꽤 여러회 다녔다.어느곳보다
병원강의를 다녀온후의 걸음걸이와 맘상태는 보람되며 뿌듯함이 말로
형용할수 없을만큼 값지며 돈으로는 환산할수 없는 기쁨이 있다.

매회 행해지는 웃음치료를 위해 웃고난후 살아보려고, 조금은 고통을
잊어보려고,행복해지려고 몰려드는 청중들....

대부분 웃는얼굴이 아닌 아픔을 못이긴 고통의 찌들음, 오랜시간 병상을
지키다보니 간호하기에 지쳐 반은 얼이나가신 보호자님들은 보는이
들을 안타깝게 한다.그래도 웃으면 좋은것을 익히 잘아시기에 그시간을
기억하며 자리를 채워주신다. 강의 시작은 오랜아픔의 고통으로 굳은
표정으로의 시작..

시간이 흐르면 흐를수로 입꼬리가 올라가며 한손엔 링걸꽂은상태,
한발은 깁스한상태 비록 불편한 몸이지만 강사를따라 함께 그상황을
즐겨주신 모습속에 퇴원날짜를 앞당길수 있음을예견하게도 된다.매사에
적극적일때 성공도 하며 병상의 치유도 빨리 일어난다.

늘상 하는 이야기지만 맘상태가 얼마만큼 여유로운지,아픔에, 고통에 억눌려 강팍하며 조급한지에 따라 먹는약알 숫자가 달라짐을 나는 너무나 잘안다.그래서 무엇이든 생각하기 나름이라는게 하나도 틀린 말이 아니다.

나는 빨라 낳아 언제쯤 태원할수 있을꺼야!하며 목표와 희망이 있는 환자는 훨씬 더 퇴원이 빨리 앞당거지며,나는 회생불능이야! 나는 가망이 없어! 하는 긍정과 부정의 생각 차이가 사람을 살리고 죽이는 일이랑 관여한다고 봐도 과언이 않일것이다.

잠시 유머에 의미부여를 하자면 할머니가 정형외과를 지팡이를 짚고 너무나도 힘겹게 비틀걸이며 들어오신 모습이 보는이들을 안타깝게 하는 광경이 목격되었다.그러던 할머니가 몇분후 원장실을 너무나도 거뜬히 꼿꼿이 서서 나오시는 할머니를 보시는 많은분들은 깜짝 놀라 할머니! 어찌되신건가요?하며 이구동성으로 할머니를 향해 물으셨다. 할머니왈!별거 아녀! 의사선상이 지팡이를 긴것으로 바꿔줬어... 하시는거다.하하하하 맞다.

짧은지팡이를 짚으면 인생도 휘고 허리도 휜다.하지만 긴지팡이로 바꾸면 인생도 펴지고 허리도 펴진다.이것이 바로 긍정과 부정의 차이 이며 생각하기 나름의 상황이다.잔병에 효자 없다고 여러날 병상에 있다보면 환자 보호자 서로 웃음을 잃을수 밖에 없다.

하지만 웃음강사인 우리들이 사명감을 가지고 그들과 하나될때 그분들의 희망이 되며 유일한 낙이 되어 빠른 속도의 건강의 차도를 볼수 있음을 보며 신이 우리에게 거져 주신 가장 좋은선물 웃음을 함께 나눌수 있기에 어느곳 강의보다 병원강의는 끝나고 오는길이면 늘 느끼지만 정말 발걸음이 가볍다.

고통중에 있는 환자들이 아픔에 고통을 잠시 잊고 한시간 서로 어우러져 신명나게 웃다보면 2시간정도 곤한 숙면을 취할수 있어 그분들께 참 좋은일을 하는 내자신이 정말 보람차며 뿌듯함의 이상이다.

더불어 살아가는세상사 고통도 함께 나누며 기쁨도 함께 나누는 가운데 열린맘으로 환자보호자 서로 상처 주는말들은 삼가하며 귀를 즐겁게 하는언어,사랑의언어로 빨리 쾌유할수 있도록 세심한 간호,사랑과 희망과 행복이 가득넘치는 간호를 해드리세요.하는 당부도 잊지 않고 돌아오는길 뿌듯함에 나도 모르는 희열감과 감사가 내맘가득 용솟음 치는 내자신이 사랑스럽다.모든 환자,보호자님들 사랑하며 축복합니다.

그분들께 가득 넘치게 웃음을 선물하고 돌아온금채 정말정말 행복합니다.

새생명축제 전교인 대상 웃음강의를 다녀와서

교회에서는 매회 주기적으로 교회마다 큰행사중에 하나가 새생명 축제이다. 말그대로 하나님을 모르는 분들을 특별히 여러달 동안 온성도님들이 기도로 준비한후 하나님께서 최고로 원하시는 지상명령인 전도의열매, 곧 결실을 맺는날 이기도해 축복되며 아주 귀한행사이다.

그곳에 초청되어 전교인대상 웃음강의를 했다. 새로운 성도 배려차원에서 예쁘게 셋팅된 만찬의자리 새가족에게 먼저 식사하는 즐거움을 드리기위해 식당으로 이동해 새가족을 편히 식사하시게 하기위해 그시간을 이용해 나는 기존 성도님들 대상으로 축제의 피날레를 장식하는 강의를 맡아서 했다.

하나님과웃음을 함께 만나니 대박인생!이란 제목으로 열강을 했다. 어릴적 부터 신앙생활에 익숙한나! 언제나 내안가득 하나님의 은혜로 가득차 늘 싱글벙글 웃으며 행복한삶을 이어 가던중 웃음을 만나 또다른 내안에 웃음을 가득채워 하나님과 웃음을 가득가득 빵빵히 넘치게 가슴가득 채우며 살아가니 정말 대박인생이더라를 외치는 가운데 나는 분명 웃음강사이며 제대로 웃는법을 가르쳤을뿐인데 여기저기서 아멘! 아멘! 을 외쳐되는 성도님들 앞에서 나는 더욱 힘을얻어 왜!웃어 야하며 웃으면 어떤일들이 일어나며 다양한 웃는법들을 소개해드리는 가운데 거룩한 성전이 은혜로움과 웃음의 도가니탕으로 변화되어 천국이 따로 없이 이곳이 바로 천국임을 실감할수 있는 기쁨의장으로 변해 있었다.

기분좋은 열강을 마치고 전해 들은 이야기로 새신자들이 웃음강의를 듣기 위해 식사도 마다하시고 나의 강의를 청강하신분들과 식당에 비치된 스크린으로 강의를 청강하신 새신자들 반응....설문지 작성 시간이 있어 오늘 처음으로 교회오셔서 좋았던점,시정해야할점..등등을 체크한후 교회에 하고싶은이야기를 쓰는란에 오늘 웃음강의가 너무 좋았다.언제 오면 또 청강할수 있는지를 묻는 질문들이 제법 많았노라고 나를 섭외하신분께서 나의귀를 즐겁게 해주시며 해마다 행해지는 축제의 시간에 부족하지만 나를 초청해주셔서 매년 기쁨을 함께 나눈다.

성도들에게 기쁨과평안과 안위를 주는 웃음강의는 참!나를 발전시키며 나의내면을 살찌워주는듯해 감사하며 행복하다. 외면에 살이찌면 곤란 할테지만..하하하하하

나만의기쁨과즐거움이 아닌 더불어 기쁨을 함께 나눌수 있는 일을 하는 금채 오늘도 변함없이 정말 정말 행복합니다.하하하하하하

고객을 유머로 사로잡자!

천재는 노력한자를 당할수 없고, 노력한자는 즐기는자를 당할수 없다. 란 글귀를 개인적으로 좋아하는 탓인지 난 20여년 피부관리실을 운영하며 고객과 더불어 정말 즐기며 피부관리에 임한다.

오랜시간 같은업종에 종사하며 하루도 출근하기 싫다. 일하기 싫다는 생각이 하늘에 맹세코 해본 기억이 없다. 원래 웃는얼굴이 나의 트레이드마크 였는데 우연한 기회에 웃음치료사란 자격증을 손안에 넣게 되었다.

그것이 계기가 되어 예전엔 얼굴만 웃었다면 이젠 내면 깊숙히에서 우러나오는 웃음을 터득하게 되어 난 웃음과 함께 자연스럽게 유머를 접하며 나의 사랑하는 고객님들께 처음엔 다소 썰렁한 유머를 시작하게 되었다.

처음 시도할때는 썰렁해서 웃었다면 지금은 농익은 나의 유머 실력에 고객님들이 오늘은 김원장이 어떤 걸로 나를 행복하게 하며 즐겁게 해주려나?하며 은근히 웃음&유머를 기대하신다. 어쩔수 없이 한주 건너뛰신 고객님께서는 원장님 기받아 일주일 살아야 하는데 하시며 넘치는 나의 에너지를 공유하시길 원하신다.

자영업을 하시는 회장님,원장님,사장님,직장인들....

사업번창하길 원하십니까? 상사님들께 사랑받고 , 인정받고 싶으십니까?
당장 인터넷 뒤져 유머를 만나 보세요. 썰렁하지만 시도해 보세요.
포기하지만 않는다면 사업 번창은 따논 당산일껍니다. 어딜가나 인기인
으로 주변에 사람이 몰릴껍니다.

그리고 해맑게 웃으십시요.웃음소리가 나는집에는 행복이 와서 처다
보고,고함소리가 나는집에는 불행이 와서 처다본답니다. 여러분 가정은
행복이?불행이? 과연 전자 일까요?후자일까요?

전자인 행복을 원하시면 웃으십시요. 그것도 박장대소로...

박장대소라 하면 다섯단계가 있다.

1단계-발을 구른다.
2단계-괄약근에 힘을준다.
3단계-손뼉을 친다.
4단계-입을 크게 벌리고 함성을 지른다.
5단계-긍정적인 의미로 고개를 끄덕인다.

이러한 방법으로 하루 15초이상만 웃어도 수명이 이틀 연장된다. 웃음&유머강사란 나의 또다른 직업 참!매력적이며 보람있고 뿌듯함을 느낀다.

고대병원 환자,보호자 대상 웃음치료시 있었던 이야기를 잠시 회상해 보자면 강의가 막 시작되어 난 태어날때 부터 럭셔리한 여자! 당당한여자! 웃음&유머강사 금채 여러분께 큰절올립니다.하며 첫 멘트겸 나만의 특허 배꼽인사를 정중히 하고 곧 다음으로 넘어 가려는데 연세 지긋하신 어르신께서 살짝만 건드리면 눈물이 주룩 흐를 인상으로 앉아 계시더니 강의 시작하자마자 눈을 감으시는거다.

난 맘속으로 남의 강의 방해 할일 있으신가? 눈감고 계실꺼면 참석을 하지 마시던지 하며 못된맘이 살짝 들었다. 강의중간~ 강의가 무르익을 즈음 EFT라는 경혈점자극을신나는 음악에 맞춰 백회를 시작으로 쭈욱~ 자극후 그분의 모습은 처음 시작이랑 180도 다른 두볼이 볼그레하니 너무 화사한모습으로 변하셔서 활짝 웃고 계셨다. 그분의 변화에 난 너무 감사했다.제대로 알고 웃는웃음이 이토록 사람을 화사하고 행복하게 만든다.

여기저기 강의를 다니다보면 어떤분들은 팔짱을끼고 어디! 너 한번 해봐라! 하는듯쩨려보기 직전에 모습으로 강사를 주시하시던 분들도 계시곤한다.

하지만 난 염려없다.내안에 가득한 웃음의에너지로 어떤 분들도 녹일 수 있는 능력이 있으므로 ....

난 변함없이 피부관리를 하며 고객에게 함박웃음을 드릴것이며, 에너지 넘치는 나의웃음&유머 강의도 계속 될것이다. 나만의 노하우로 피부 관리실 원장님 대상으로 고객을 유머로 사로잡자 라는 제목으로 강의를해 피부관리고객들의 보여지는 얼굴만이아닌 내면까지 케어되어 피부관리실만이 아닌 대한민국 모든 가정이,기업이 웃는 그날까지 나의고객관리와 웃음&유머강의는 언제까지나 쭈욱~ 될것이다.

그래서 나는 행복합니다 정말 정말 행복합니다.웃음&유머를 아시는 모든 분들을 사랑하며 축복합니다.

하하하하

기업체들에게 촉망받는 지에스데이타(주)의 CS(customer Satisfaction)강의를 다녀와서

21세기 기업의 핵심역량으로 인적자원이 부각되고 있지만 많은 기업들은 인건비 부담 때문에 채용이 힘든 것이 사실이다. 하지만 정부지원금을 받으며 그들을 채용할 수 있다면?

중소기업들에게 정부지원금 제도를 알리는 중소기업청 등록 상담 회사이자 '고용노동부' 인턴 운영기관, 중소기업 자문회사의 원조! 그 이름도 유명한 기라성 같은 기업체들에게 촉망받는 "지에스데이타(주)(www.gsdata.co.kr)" 그곳에서 나는 주기적으로 CS(Customer Satisfaction)강의를 한다.

매월 첫째 주 목요일에 지에스데이타(주)를 들어서면 젠틀맨이신 사장님이 환하며 호탕한 웃음으로 나를 맞아주신다. 그 곳을 찾길 잘했다는 생각이 들 정도로 언제나 기분 좋은 반김을 해주신다. 하하하하하

첫 강의는 어느 곳이든, 누구를 만나든 어색하며 서먹하다. 그러한 틀을 허물기 위해 나 같은 강사진이 필요한 것이다. 회사의 특성상 기업을 상대로 상담을 하다 보니 더더욱 밝은 인상을 갖춰야하는 것이 이 곳 직원들의 필수 요소이다.

직원 채용 시 명석하며 지식이 가득한 유능한 직원을 채용해야 당연히 회사에 유익할 것이다. 하지만 내 생각은 다르다. 채용한 직원이 아무리 매사 일인자이며 모든 일처리를 몇 사람의 몫까지 해치운다 하더라도 직원들과 잘 어울리지 못하며 기업상담 시 밝은 인상을 주지 못한다면 언젠가는 한계에 부딪히는 것을 느끼게 될 것이다.

그렇다. 표정의 밝음 그것은 타고 나는 것이다. 물론 노력해서 얻을 수도 있지만……나는 직원 채용 시 '미소가, 입 꼬리가 얼마만큼 올라갔나?'를 확인 후 채용하면 상담과 직원들과의 원만한 관계 유지 모든 면에 더욱 효율적인 결과를 창출할 수 있을 것이라 장담한다. 좀 더뎌도 업무는 조금은 개인차가 있겠지만 입 꼬리가 올라간 직원들은 시간이 흐르면 완벽한 자기 몫을 정확히 해낼 수 있다고 생각한다.

하지만 입 꼬리 내려간 무표정의 모습은 버릇처럼 굳어진 것이라 업무 마스터 하는 것과 비교하자면 많은 시일이 걸릴 것이다.

웃는 인상은 정말 중요하다. 웃는 얼굴로 실수를 한다면 기분 좋게 용서를 해줄 수 있듯이……. 상담할 때 마다 결실 가득한 기쁨을 맛보고 싶다면 입 꼬리 끝없이 올리라고 귀에 못이 박히도록 난 항상 외치고 또 외친다.

우리 뇌는 가짜로 웃어도 진짜인줄 알고 다양한 건강호르몬, 행복호르몬 등을 내보내 언제나 기분 좋음에 연속의 나날을 선물해 준다. 그래서 나는 항상 입 꼬리를 올린다. 나도 처음엔 어색하며 잘되지 않았다. 하지만 끝없이 입 꼬리를 올리는 가운데 생각하는 대로 하고자하는 일들이 술술 풀러짐을 직접 체험하며 살기에 나의 좋은 경험을 '지에스 데이타' 모든 직원에게 주기적으로 알려드리는 것이다.

"본인 인상에 책임져라!'를 끝없이 외친 결과 직원들이 "기업 상담시 원하는 좋은 결과는 입 꼬리 올린만큼 얻을수 있었습니다."라고 이야기 하는것을 들을 수 있었다. 이런 깨달음을 나눌 수 있어 너무나 기쁘다.

웃음에 분량과 행복의 분량은 비례한다.

'지에스데이타(주)' 모든 직원들이 입 꼬리를 올려 맘 가득 기쁨, 웃음, 행복 에너지가 가득 넘칠 때 까지 나의 강의는 계속 될 것이다.

성공하고 싶으십니까?
행복하고 싶으십니까?
건강하고 싶으십니까?

그럼 입 꼬리가 귀에 걸릴 때 까지 올리시고 언제나 웃으십시오.
하하하하하

맘 가득 웃음과 행복이 가득 참을 느낄 수 있을 때 까지 맘껏 웃으십시오. 그러면 "성공, 행복, 건강은 내 손안에 있소이다!" 일 것입니다. 맘껏 웃었는데 위에 상황에 도달하지 않으신 분……계시면 저에게 개인적으로 오십시오. 왜 웃어야 하는지? 어떻게 웃어야 하는지? 제대로 웃다보면 어떤 일이 생기는지 정확히 알려 드리지요. 하하하하하

강의가 거듭될수록 입 꼬리에 천사의 미소가 가득하며 당당하게 변해 가는 직원들을 뵙노라면 나의 등에도 천사에 날개가 달린듯해 나도 모르게 하늘을 나는 날개 짓을 하게 된답니다. 하하하하하

천사인지 착각할 정도로 변해가시는 사장님을 비롯하여 '지에스데이타(주)' 가족 모두를 사랑하며 축복합니다. 하하하하하

우리나라의 중소기업들이 지에스데이타(주)를 통해 더욱 밝아지고 국가발전에 일익을 담당하기를 기대하며, 행복하게 변해 가는 지에스데이타(주)식구님들로 인해 나는 오늘도 무척이나 행복 합니다.

정말정말 행복합니다. 하하하하하하

석촌호수의 노상강의 후의 행복감

매주 일요일 이른 저녁엔 비가오나 눈이오나 바람이 부나 천둥이 치나 웃음 강의는 열린다. 노상강의다 보니 추운 겨울이면 열강을 할때는 모르지만 강의를 마친후엔 나의 발가락은 이미 꽁꽁 얼어 있다. 하지만 추위도 잊고 영하권에 날씨에도 웃음으로 추위쯤이야!하며, 추위는 석촌호수에 모두 날려 버린다. 하하하하하하

요즘 처럼 좋은날씨에는 많은 인파가 석촌호수를 거닐기에 강의에 동참하는 인파가 대 만원이다. 이동하시는 인파속에 움직이는 강의 또한 꽤!매력있다. 멀쩡하게 생긴 여자는 맞는것 같은데 때로는 독특한 나의 강의법에 손만 안돌리지 제!정신 멀쩡하나?하는 눈빛을 교환하며 가시는 분들도 계신다. 제!뭔데?하며 함께 청중이 되어 잠시 웃다. 매주 단골이 되어 버리는 분도 계시고... 즉석에서 강의안도 끄집어 내며 정말 살아 숨쉬는 강의가 노상강의의 묘미이다. 하하하

또한 이곳은 맘다해 웃어 각종 병도 치유받고, 우울증으로 삶의 회의를 느끼며 하루하루가 무의미한분들에게 새희망을 찾아주는 장이라고 생각한다.

강의에 빠지지 않고 꼬박꼬박 자리를 지켜 주신분들을 뵐때에는 웃음정이 제대로 들어 왜!그런지 나는 몰라 웃는 여잔 다이뻐!하는 노래가 절로 나와 여자 남자 성별을 초월해 모두 이뻐 보이며 사랑스러워 보인다. 오랜시간 이어진 강의인터라 강의 호응도가 기가막혀 강의할맛이 제대로 난다.이곳만 서면 나도 모르게 오바하게 되며 강사인 내가 더~ 즐거워 한다.하하하하하 웃음&행복 강사 하면 할수록 정말 매력 있다.

내안에 웃음이 가득 넘치기에 세상 살기도 너무 수월하다. 고민을 몇초면 날려 버리는 재주가 갈수록 생기며 살아가는 내공이 쌓이니 참!으로 여유롭고 편안하다.

매주 일요일 오후에 열리는 석촌호수 노상강의장에서

노상강의의 또 다른 매력은 벚꽃이 흩날릴때는 겨울이 아니여도 눈내리는 느낌을 누릴수 있으며, 펑펑 정말 눈이 오는날은 추워 꽁꽁 손발은 얼고 코끝이 빨개져도 아랑곳 하지 많으며 펑펑 내리는 눈과함께 열강을 할 수 있다는 것이다. 비오는날은 우산을 쓰고 웃고...

사시사철 이곳에서 강의를 하면 삼라만상의 변화무쌍함에 도취된다. 석천호수에 떠다니는오리때, 주인따라와 함께 앉아 웃는 강아지, 부모님내지는 할머니 따라온 아이들의 행진..때로는 촬영팀이 떠서 TV에도 나오고 하하하하 다양함속에서의 생생하게 살아 있는 강의 참!아름다운 세계를 주신 하나님께 감사함이 절로 나온다.하하하하하

난 오늘도 참!아름다운 세상에 살아갈 수 있어서 감사하며 행복하며... 참 아름다운 호수에서 강의할수 있어서 참!많이 행복하다.

금채의 끝나지 않은 이야기 (동국대 A.P.P과정에 도전하다)

긍정의 메시지를 전하는 강의를 해온 금채는 초긍정녀다. 높은 직급과 명예로 어깨에 힘이 들어간 이들부터 하루를 산다는 것도 벅찬 소외계층까지, 나는 내게 귀를 기울이는 수강생들에게 똑같이 긍정의 에너지를 나눠주고 기를 살려야 한다. 그것은 곧 나, 즉 금채의 사명이기에 지금까지 쉼 없이 긍정의 힘을 내뿜으며 달려왔다. '긍정의 전달자'로 삶을 살아오면서 나 역시도 건강한 기운을 얻을 수 있는 보람된 시간을 보내왔음에 감사함을 느끼는 것에는 변함이 없음은 물론이다.

필요한 정보를 담은 책 몇 권을 손에 들고 있는 내가 서점 한 켠에 놓인 거울을 통해 비춰졌다. 스스로 지식을 채우려하는 것을 보니 내게서 프로 의식이 느껴지는 가운데, 안도감과 함께 전문 서적도 볼 줄 아는 지적인 여성이라는 생각에 조금은 우쭐함도 생겼다. 나 자신도 모르게 강의의 완성도를 더욱 높이기 위해 전문 서적까지 찾는 노력을 하고 있는 것이 아닌가. 말 그대로 나는 내 일을 즐기고자, 노력하며 최선을 다하고 있다.

노력하는 자세로 차근차근 단계별 성장을 지향하게 된 나는 깊고 폭넓은 학식과 견문으로부터 깨달을 수 있는 것들에 더욱 욕심이 생기기 시작했다.

다양한 견문과 학식을 통한 변화, 지식과 경험, 노하우를 업그레이드 시켜야 금채의 에너지가 그 힘을 발휘할 수 있다는 것을 금채는 너무 잘 안다.

나의 내면을, 금채를 더욱 풍요롭고 위풍당당하게 살찌우게 만들어줄 피드백이 이쯤해서 필요하다는 것을 인식하게 되었고 그것을 기필코 찾아야 했다. 지금의 내 직분에도 반드시 필요하고 성장 시켜 줄 수 있는 피드백이어야 했다. CEO들의 조력자가 누구인지 찾아보았다. 내가 뛰어든 강사의 길에 발전을 돕는 조력자야말로 나를 업그레이드 시키고 '긍정의 전달자'로 우뚝 솟게 해 줄 것이라 믿었기 때문이다.

내가 찾아 헤맸던 조력자는 바로 동국대학교 A.P.P 과정이었다. 긍정의 전달자로서의 금채의 삶에 제 2의 전성기를 맞게 해 줄 원동력이 될 것 이다. 이 과정은 각계각층의 CEO들을 대상으로 진행하는 전문 교육 과정이다. 단순히, 1차원적 개념으로의 사업 성공을 위한 마케팅 전략과 리더의 자질을 읊고 일러주는 뻔한 CEO과정 프로그램이었다면 실질적 성공 자원 시스템을 갈구하는 기업인들이 스스로 발길을 들여 놓지 않았을 것이며 성공의 원동력이라 당당히 꼽지 않았을 것이다.

또한 여타의 CEO과정에 불과한 프로그램이라면 금채에게는 별 의미 가 없었을 것이다.

그러나 A.P.P는 다양한 부분의 발전을 도모하는 같은 뜻을 가진 이들이 울타리 안에서, 각계각층의 사람들과 교류하며 뜻을 키워나가는 과정을 통해 협력과 에너지를 향상시키는 법, 긍정의 마인드가 주체가 되어 나를 성장시키는 법을 배울 수 있는 장이라는 것을, 과정을 수료한 원우들은 한결같이 말하고 있어 믿음과 기대가 생기게 됐다.

새로운 전환점이 된다는 것을 알고 노력하자. 노력은 기회의 장을 만들고 금채를 더욱 업그레이드시켜 새로운 금채로 탄생시킬 것이다. 앞으로 나를 강한 에너지로 새로이 변화시켜 줄 15주 과정에 열과 성을 다할 것이다. 원서에 나의 프로필을 적어 나가면서 나 역시도 내적이든 물질적이든 어떤 것이든지 눈에 보이는 성과를 도출해 냈으면 하는 마음이 있었으니까 말이다.

그러나 가슴을 벅차게 만들 결과는 어떤 것일까란 물음에 단순히 '사업의 번창' 이라 말하기는 어려울 것이다. 나의 내면의 성찰과 성장의 발전을 이루기 위해 A.P.P 속에서 긍정의 힘과 강한 에너지를 얻고 싶다. 나를 깨우치고 내면을 성장시키는 시간이 될 수 있다면 그만한 외적인 성공을 이룰 수 있음은 당연지사라 보기 때문이다. A.P.P 안에서 발전적이고 건강한 리더로의 성장을 이루고, 전문 교육 과정을 통해 프로페셔널한 지식을 쌓으며 현재 강사로서의 경험과 나만의 실전 노하우가 접목된다면 의미를 전달하고 강한 에너지를 전파하는 진정한 웃음 강의가 탄생하지 않겠는가.

15주 과정이 끝나는 날, 성장한 나를 스스로 부둥켜안으며 벅찬 감동을 느낄 수 있게, 묵묵히 나의 주어진 길을 노력이라는 신발을 신고 걸어 나갈 것이다.

금채를 급부상 시키기 위한 도전 이야기, A.P.P와 함께 쓰여 나갈 끝나지 않은 이야기. 삶을 비춰 줄 지혜의 빛을 얻을 수 있도록 노력과 끈기 라는 요소를 가미해 결코 지루하거나 맹맹하지 않은 스토리로 만들어 나가겠다. 역시 강의는 하는 것도 행복하지만 청중으로 앉아 경청 하는 맛! 역시 또 다른 금채의 행복이다. 그래서 다음달 9월부터 금채는 A.P.P안으로 풍덩 뛰어 들 겁니다. A.P.P바다에서 금채와 함께 드넓은 태평양을 맛보고 싶으신 분 금채와 함께 도전해요.

새로운 세계가 펼쳐질 A.P.P(aesthetic professional program for CEO) 생각만 해도 가슴이 벅차옵니다. 가슴 벅참을 금채와 함께 느끼고 싶으신 분 언릉 요기요기 붙으세요.

하하하하하하 강의에 죽고 강의에 사는 재벌금채 화이팅!!

행복에너지 금채 강사를 초청하여 주세요.
웃음&행복강사 금채 여러분께 큰 절 올립니다.

펄떡이는 물고기처럼 생동감 있는 여자! 당당한 여자!
웃음&행복강사 금채 여러분께 큰절 올립니다.

여러분의 가슴속에 웃음과 행복을 가득 채우고 싶으십니까?

금채는 생생한 체험을 바탕으로 웃음과 행복을 전 국민과
함께나누고 싶답니다. 근심, 걱정 날리시고 평안을 원하시는
교회, 각종단체기업, CEO 모임, 최고경영자 과정 등 어느 곳
이든 정원 30명 이상시 한달 전에 예약하시면 전국 어디든
톡톡 튀는 명강사 금채가 산 넘고 물 건너 바다건너서 날아갈
겁니다. ^^~

금채와 같이 호흡함에 온 세상이 웃음꽃으로 만발하시길
바라며 굳은 소명의식을가지고 웃음&행복 전도사로서 만인
에게 행복을 가슴 가득 선물하도록 하겠습니다.

왜냐고요? 그리하면 금채는 행복 하거든요.
금채는 정말정말 행복하답니다.

그 행복 금채와 언제나 함께 나눠요. 하하하하하!
나는 행복합니다. 정말 정말 행복합니다.

금채가 가장 좋아하는 노래입니다.

〈나는 행복합니다.〉

나는 행복합니다
나는 행복합니다
나는행복합니다
정말 정말 행복합니다
기다리던 오늘 그날이 왔어요 즐거운 날이에요
움츠렸던 어깨 답답한 가슴을 활짝 펴봐요
가벼운 옷차림 다정한 벗들과 즐거운 마음으로
들과 산을 뛰며 노래를 불러요
우리모두 다 함께

나는 행복합니다
나는 행복합니다
나는 행복합니다
정말정말 행복합니다
진달래꽃 피는 봄이 지나면 여름이 돌아와요
쏟아지는 태양 젊음이 있는 곳 우리들의 여름이죠
강에도 산에도 넓은 바다에도 우리들의 봄이 있어요
그곳으로 가요 노래를 부르며
우리모두 다 함께

도서출판 행복에너지 출판사 에서는
자서전, 에세이집, 회고록, 시집, 단행본
작품 출판을 준비하시는 분에게
특별한 혜택으로 모시겠습니다.

지에스데이타(주)에서는 금번 사세확장으로
자서전, 에세이집, 회고록, 시집, 단행본을
출판하고자 하는 분들에게 확실한 도움을 드리고자
행복에너지 출판사업부를 신설하였습니다.

2011년 처녀작인 〈행복에너지 팡팡팡!〉을 필두로,
사람들에게 희망을 주고
행복한 에너지를 전해줄 수 있는 작품을
지속적으로 출판하고자 합니다.

도서출판 행복에너지 에서는
자서전, 에세이집, 회고록, 시집, 단행본 작품을
출판하고자 하시는 분을 특별한 혜택으로 모시겠습니다.

자신의 삶에 대한 글을 통해
대중들과 호흡할 뜻을 가지고 있으나
과도한 출판비로 머뭇거리시는 분들에게
기회를 드리겠습니다.

도서출판 행복에너지 와 함께하실 뜻있는 분들은
주저하지 마시고 상담하여 주시면
합리적이고 효율적인 책이 만들어 질 수 있도록
최선을 다하여 자문하여 드리겠습니다.

−도서출판 행복에너지 임직원 일동−

Daum cafe.daum.net/energyhappy
출판등록 의뢰방에 상담하여 주세요.

〈금채의 행복에너지 팡팡팡'〉
독후감 공모합니다.

행복한 세상 , 행복한 삶, 행복한 에너지
도서출판 행복에너지에서 발행한
〈금채의 행복에너지 팡팡팡'〉 을 읽으시고
후기를 올려주신 분들 중 총 **일천일백십일명** 을 선정하여
상장과 상품을 드리오니
많은 분들의 적극적인 참여 부탁드립니다

아름다운 세상, 행복한 세상을 만들기 위한 독후감을
아래와 같이 공모합니다.
(책 판매대금 일부는 소년소녀 가장 돕기에 사용됩니다.)

응모기간 – 2011년 8월 8일∼ 2012년 3월 1일까지.

응모방법 – 금채의 행복에너지 팡팡팡을 읽고 난 독후감을
다음카페 (cafe.daum.net/energyhappy)
행복에너지 후기 접수방에 올려주시면 됩니다.

당선작발표 – 2012년 4월 5일 다음카페 (cafe.daum.net/energyhappy)

시상내역

대상(1명) : 도서상품권 100만원, 행복에너지 발행도서 20권

최우수상(2명) : 도서상품권 50만원, 행복에너지 발행도서 10권

우수상 (3명) : 도서상품권 30만원 ,행복에너지 발행도서 5권

금상 (5명) :   행복에너지 발행도서 5권 + 천호식품(주) 산수유 제품

은상(30명) : 행복에너지 발행도서 3권 + 행복에너지 기념타올 3종세트

동상 (100명) : 행복에너지 발행도서 1권 + 행복에너지 기념타올

참가상 선착순 :(700명) : 행복에너지 기념타올

특별상 – 박준 뷰티랩 십만원권 상품권 100명

　　　　　이태리 헤어패션 프로페셔널 매거진 에스테티카 잡지 50명

　　　　　스킨케어 & 스파 프로페셔널 매거진 잡지 50명

❖ 사단법인 국제웃음치료협회 자격증 교육쿠폰 십만원권 100명 ❖

❖ 사단법인 국제웃음치료협회 자격증 교육쿠폰 50,000원 (수상자 전원) ❖

*(**단 상품 배송비는 본인부담입니다.)*

기타 상세한 문의: 도서출판 행복에너지 전화; 0505-613-6133
ksb6133@naver.com

금채의 행복
에너지
팡! 팡! 팡!

금채의 행복 에너지 팡!팡!팡!

초판1쇄 발행 : 2011년 8월 8일

지은이 : 금 채

펴낸곳 : 도서출판 행복에너지

출판사대표 : 02)2698-0404

출판사무실 : 0505-613-6133

팩스 : 0303-0799-1560

e-mail : ksb6133@naver.com

까페주소 : http://cafe.daum.net/energyhappy

발행일 : 2011년 8월 8일

등록번호 : 제 315-2011-000035호

가   격 : 13,000원

ISBN : 978-89-966988-0-7